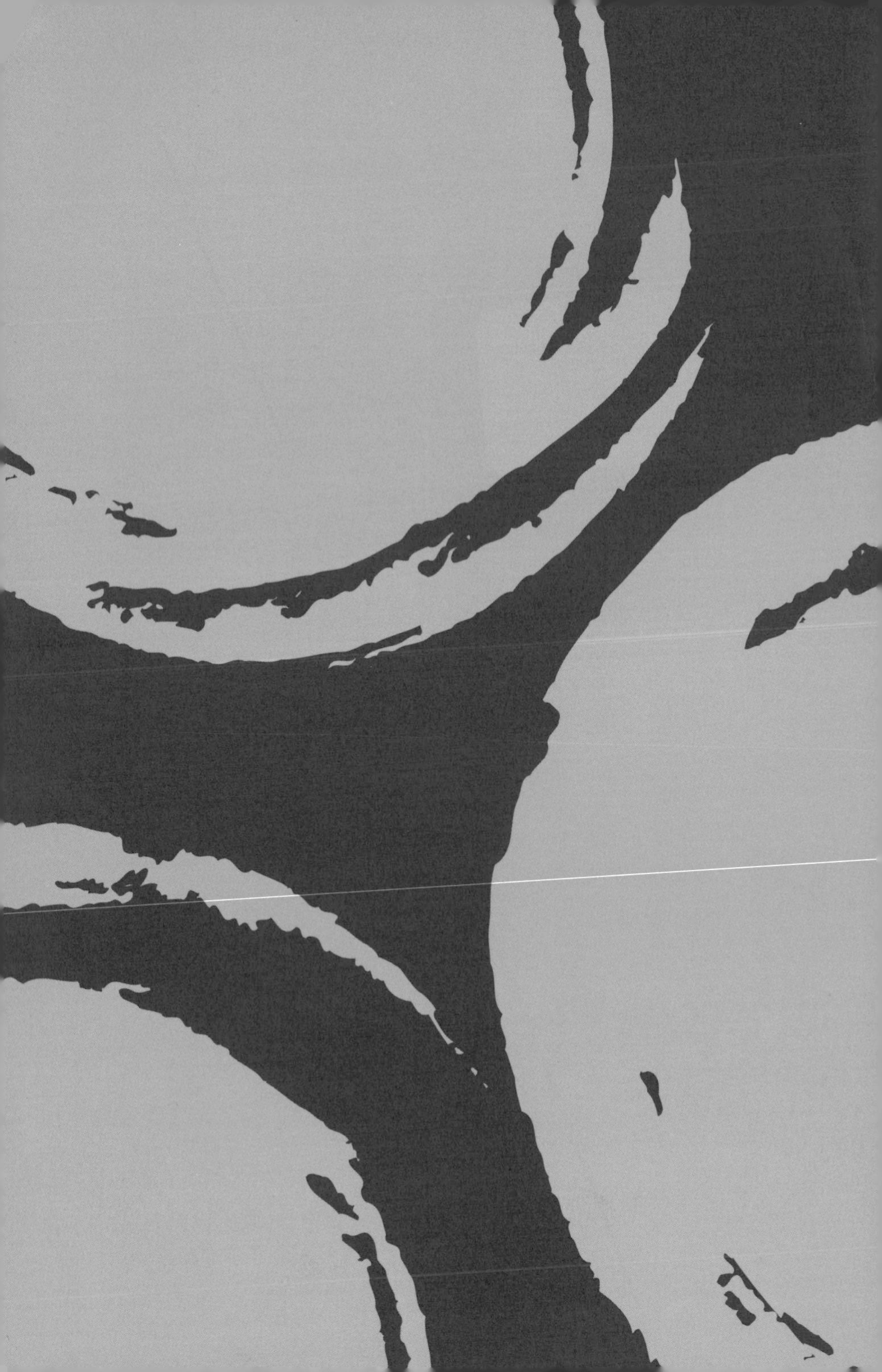

# 你是沒機會，還是沒準備？

Don't eat your lollipop in a hurry

「做好準備，等待機會」的成功祕訣

居里夫人曾說：**「弱者坐待良機，強者製造時機，智者則會在坐待良機和製造時機之前，先做好準備。」**

其實，一個人能不能有所成就，只須看他在等待機會的同時，是否做好迎挑戰的準備。如果平時不充實自己，不做好應有的準備，即使有一百個機會找上門，你也只能眼睜睜地看著這些機會從指縫中溜走。

未來的未來 編著

• 出版序 •

# 相信自己，就能成就自己

外在的形貌、性別甚至是年齡，都不會影響你我的成就與未來，
因為影響成功的因素是我們的能力與自信。

詩人朗費羅曾經說：「重要的不是你站在那裡，而是該往那個方向移動。」

的確，在變動不羈人生過程中，重要的並不是你現在所站的位置，而是你決定要往何處去。你的態度決將會定你的前途，不管眼前遭遇的是順境還是逆境，都要保持積極樂觀的態度，開創自己的前途。

內心充滿著自卑感，或是習慣追隨別人步伐的人，從現在起，讓自己走出別人的眼眶吧！唯一能給你信心的人，不是別人，而是你自己。

美國著名的心理醫師基恩博士，經常拿自己小時候親身經歷的一個小教事與病人們分享。

基恩博士還是個孩子時，有一天和許多小孩一起在公園裡玩。這時，有個滿臉笑容的老伯伯，推著裝滿氣球的車子走進公園。孩子們看見五彩繽紛的氣球，每個人的眼睛全都轉向老伯伯，公園裡的白人小孩更是一窩蜂地跑了過去，很快地，他們每個人的手上都有一顆隨風起舞的氣球。

孩子們拿著氣球，開心地在草地上奔跑、追逐，氫氣球在陽光的照耀下，更顯得耀眼美麗。

在白人孩子們的競逐與笑聲中，有個黑人小孩孤單地站在樹下，眼神裡充滿著羨慕，看著白人孩子們開心地嬉笑，卻不敢上前與他們一起玩。

直到白人孩子離開後，他才怯生生地走到老人身邊，以懇求的語氣說道：「請問，您可以賣一個氣球給我嗎？」

老人慈祥地點了點頭，口氣溫和地對黑人小孩說：「當然可以，你要什麼顏色的呢？」

孩子看著色彩豐富的各種氣球，接著吐了口氣，像決定一件重大事情一樣，愼重地說：「我要一個黑色的氣球。」

這讓滿臉皺紋的老人家覺得非常詫異，看了看眼前的黑人小孩，旋即便將黑色氣球塡滿氫氣。

當黑人小孩開心地拿到氣球時，忽然小手一鬆，黑色氣球便在微風中冉冉升起，在藍天白雲的映襯下更顯亮眼。

老伯伯看著升起的黑色氣球，再看看眼前的這個黑人小男孩，終於明白了孩子的心理。他摸了摸孩子的頭說：「孩子！你要記住，氣球能不能升起，不是因爲它的顏色或形狀，那全靠它內在的氫氣而高飛。」

這個黑人小孩明白地點了點頭，慧黠的雙眼裡更是充滿了自信，他正是後來著名的心理大師，基恩博士。

人生最終會走向何處，完全取決於我們的生活態度，人生會有多大成就，也在於我們用什麼態度做選擇。只要試著改變應對的態度，換個角度重新檢視，就可以輕鬆改變自己的前途。

沒有兩個人的指紋是相同的，每個人的生命價值也因人而異。

懂得自己的唯一性與獨特性的人，每天努力地爲自己爭取機會，創造自己與眾不同的人生。不懂得自己爲何而來的人，則習於跟隨別人的步伐，爲別人而活，一不小心跟丟了，連前進的路怎麼走，都感到徬徨迷惘。

五彩氣球顏色雖然不同，但是它們全都能飛，因爲它們都具有相同的內涵，只要充足了氫氣，不管紅色還是黑色，都能高升飛翔。

人也是如此，外在的形貌、性別甚至是年齡，都不會影響你我的成就與未來，因爲影響成功的因素是我們的能力與自信。

相信自己能力的人，爲自己的將來做好準備的人，才可能獲得成功的機會。

出版序 相信自己，就能成就自己

## PART 1 多嘗試，就一定能找到出路

如果你不知道自己什麼事情做得好，什麼時候做不好，那麼不妨就學無頭蒼蠅一樣，多方面嘗試，不要為自己設定界線。

機會要靠自己努力爭取／20
動動腦，替自己規劃成功進度表／24
自負只會阻擋自己進步／27
沉溺於安逸會讓自己陷入危機／31
多嘗試，就一定能找到出路／35
放棄就等於失去競爭力／38
用夢想代替頹喪／41
保持速度，才能持續進步／45

PART—2

# 積極經營自己的生命

學習伍登在每天睡前的激勵法，告訴自己：「我今天表現得最好，明天也會如此，後天也是，永遠都是！」


機會只留給懂得珍惜的人／50
堅守原則就不會迷失／54
積極經營自己的生命／57
機會是不會留給害怕冒險的人／61
你是沒有機會，還是沒有準備？／65
機會就一直都在你身邊／69
生命有限，意義無窮／73
目標明確比文憑更重要／76

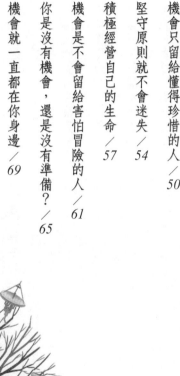

PART—3

# 成功靠實力，不是靠投機

「不賭為贏」，把自己的人生交給幾粒骰子的人，永遠不會是真正的贏家。


用敵人的壓力來鞭策自己／80

成功靠實力，不是靠投機／84

有遠見，更要有挑戰的勇氣／88

懂得向對手學習，才能超越自己／92

發揮自己的專才，讓生命更精采／95

不動腦思考，當然就做不到／99

先認清方向再力求表現／103

信心能讓一切不可能變成可能／106

PART—4

# 逆境是激發潛能的捷徑

人所面臨的困境，其實都是一種幸運，它們告訴我們當處於順境的時候，應該要步步為營，把握住每一個吸收養分的機會。


無能為力是因為你還沒出力／112
誠實，是對人最好的測試／115
小心你的優點成為致命的缺點／119
少一分強迫也許會更添失落／123
逆境是激發潛能的捷徑／127
在關鍵時刻讓自己更出色／131
失敗是為了累積成功的能量／135
充滿自信才能創新／140

PART—5

# 不要讓失敗成為阻礙

好好學習「失敗」這一課，失敗固然阻礙了出路，但也隱約暗示我們應該要轉彎。失敗不光只是一項考驗，更是一個啟示。

發揮創意便會湧現商機／148
相信自己，未來就在你手中／152
讀懂人心是成就事業的第一步／156
停下腳步，就會退步／160
不要讓失敗成為阻礙／163
讓習慣成為助力而不是阻力／167
目光短淺，自然不會有錢／171
想投機取巧，得先動動腦／175

# PART—6

# 態度決定一個人的高度

要擁有正確的工作態度並不難，只須多動腦想一想，要求別人少一點，要求自己多一點，並努力把每一件事都做到最好。


出牌不按牌理，掌握瞬間出現的契機／180
用好奇心創造生活奇蹟／184
熱情可以創造奇蹟／188
態度決定一個人的高度／191
做好小事，成就大事／194
堅持細節，才能成就完美／197
了解全貌，分工合作才有成效／200
小處節儉，大處賺錢／203

PART—7

# 有實力，才有好運氣

雖然成功有時候也會受到運氣的影響，但是運氣不可能平白從天上掉下來，而是在累積一定的實力之後才會降臨在努力的人身上。


患得患失，只會自討苦吃／208

「敢做」，比「會做」更重要／212

想成功，就要耐心等待／215

不要害怕當傻瓜／219

別當個食古不化的老古董／222

用信念改變自己的命運／225

有實力，才有好運氣／228

PART—8

# 要努力，還要有毅力

成功不只需要努力，還要加上決心及毅力，就算努力之後無法達到自己想要的結果，但至少能夠為下次的成功，奠定更紮實的基礎。


停止反省，等於停止進步／232
努力，要讓別人看得到／235
要努力，還要有毅力／238
機會就在「麻煩」中／241
把學歷轉化成能力／244
不要讓自己的創意不切實際／247
約束，是為了得到更多自由／251

PART—9

# 困難，都是自己想像出來的

如果你只會在一旁空想，那麼這個世界將會是個被重重「困難」包圍的可怕環境，而你永遠也無法破除困難，往前再進一步！


慎重選擇自己的模仿對象／256

有計劃，才能因應變化／259

困難，都是自己想像出來的／263

鋪一條沒有坑洞的康莊大道／266

從錯誤中迅速進步／269

踏出實實在在的第一步／272

生命，經不起無謂的浪費／275

PART—10

# 換個角度，就會更加突出

樂觀的人，可以在每個憂患中看到機會；但悲觀的人，卻只能在每個機會中只看到憂患。

生活處處見智慧，知識時時可積累／280
限制，都是自己造成的／284
別繼續當個自暴自棄的傻瓜／287
承認犯錯，才有機會補救／291
你有沒有成功的勇氣？／294
換個角度，就會更加突出／297
不要遭到反駁就退縮／300

PART—11

# 節制，是邁向成功的第一步

如果你想成功，就必須懂得控制自己、懂得抗拒誘惑，那麼你才能循著自己的目標，獲得理想的成果。

越保守的人，收穫越多／304
批評你的人，不一定是壞人／308
節制，是邁向成功的第一步／311
藉口，只會證明你的懦弱／314
適時切斷自己的慾望／317
分享的果實，格外甜美／321
一味追逐物質，會喪失自己的價值／325

PART—12

# 自以為是，會妨礙你的前途

每個人都有不同的優點和特質，學著看對方的優點，總比心高氣傲，為自己樹立更多敵人要來得有建設性！


自以為是，會妨礙你的前途／330

「敬業」，就是脫穎而出的利器／334

先跨出第一步再說／337

你的眼睛長在背上嗎？／341

會「聽話」的人比較容易成功／344

生命有限，慾望無窮／348

# PART 1

# 多嘗試，就一定能找到出路

如果你不知道自己什麼事情做得好，
什麼時候做不好，
那麼不妨就學無頭蒼蠅一樣，
多方面嘗試，不要為自己設定界線。

# 機會要靠自己努力爭取

機會要靠自己爭取，只要你願意冷靜思考，願意振作努力，每個人都可以有第二次機會。

成功並非偶然，挫折卻是人生的必然，遇上挫折之時唯一該做的是動腦突破困境，不是坐困愁城。

機會要靠自己努力爭取，一味沉浸在失敗的情緒中，只會讓自己進退失據，失去奮發向上動力。

希爾曼唸科羅拉多大學法律系一年級時，慘遭學校退學。

系主任說，希爾曼的成績太差，實在沒有資格再繼續做他們系上的學生。

希爾曼的父親親自去拜訪院長，但是院長卻回答說：「希爾曼的品性不壞，但是他不可能成爲一名律師。我建議他最好早點改行，或是乾脆留在他周末打工的那個雜貨店裡工作。」

希爾曼也親自寫了封信給系主任，希望系主任能夠再給他一次機會，但是音訊全無。

生平第一次，希爾曼感到如此茫然。

他的求學之路一向順遂，也因此，上了大學之後，花了太多時間在打工和運動上面，根本沒有時間讀書，導致功課一落千丈，唯一表現突出的，只有體育課、西班牙語課，和一些團康課程。

希爾曼的父親知道兒子的志願就是要成爲一名律師，建議希爾曼不妨改去上威斯敏斯特法律學院，那兒有開設夜間部課程。

雖然父親的提議對於目前的希爾曼來說不失爲一盞明燈，但是他卻強烈覺得自尊心掃地。

他原本讀的科羅拉多大學在法律界極負盛名，從那裡畢業的學生，幾乎後腳都還沒有跨出校門，前腳就已經踏入知名律師事務所的大門。

至於威斯敏斯特則是一所窮人學校，不僅教課的老師大都是來兼差的客座教授，就連來上課的學生也泰半是白天工作的兼職學生。在那樣的學校讀書，將來能有什麼好出路呢？

但是，無路可退的希爾曼最終還是硬著頭皮去見威斯敏斯特學院的校長。

令他感到意外的是，校長並沒有敞開雙手歡迎他這個被名校趕出來的退學生，相反地，校長告訴他說，除非他重新修過一年級的所有課程，否則學校並不歡迎他。校長注視著希爾曼的眼睛，嚴厲地對他說：「我將時刻監督你。」

從那一刻起，希爾曼明白這是他唯一的機會了。如果他沒有好好把握這次機會，恐怕就要終生與律師這一行絕緣。

正是懷著這樣的心態，希爾曼在威斯敏斯特學院裡加倍努力學習，並在法律證據研究方面發揮了他的專長。

二十八歲那年，他成了丹佛市最年輕的鄉村法官。之後，他又當選了地方法院法官，接著被總統任命爲美國聯邦司法部地方法院法官。

憑著長期以來在法界的出色表現，到退休的時候，他獲得了科羅拉多大學頒發的喬治．諾林獎，以及名譽法學博士的學位。

人們總是在失去機會的時候，才懂得珍惜機會。

然而，機會要靠自己爭取，只要你願意冷靜思考，願意振作努力，每個人都可以有第二次機會。

因此，千萬不要因爲一次的失敗而灰心。有時候，失敗是上天給人最好的啓示，讓我們了解要把握每一個擁有的當下。

只要可以從逆境中爬起來，你就一定能夠找到第二次機會！只是，第二次機會往往也都是最後一次機會。如果你還不懂得把握這次機會，那麼就是你自己不再給自己機會！

# 動動腦，替自己規劃成功進度表

比衝刺更重要的，是佈局；比滿腔熱血更重要的，是冷靜沉著。

與其急著看見成果，不如多花點時間完善自己。

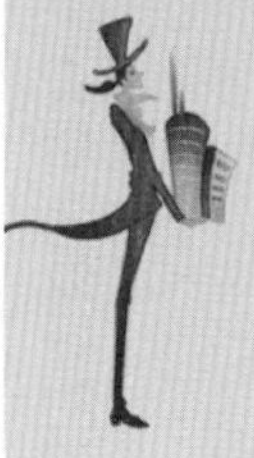

如果你想做的事情很多，如果你的夢想很遠大，那麼你不妨先定下自己的志向，列出達成這個志向所要具備的元素，然後一項一項地尋找，一步一步地達成自己的夢想。

一個美國年輕人中學畢業之後，立志做一名優秀的商人。

但是，他並不循著一般人會走的路去唸商學院，而選擇專攻麻省理工學院當中最普通、最基礎的專業機械。

因爲，他不但已經決定要做一名商人，還已經想好了要做一個「賣什麼東西」的商人。

大學畢業之後，這名年輕人又花了三年時間，取得經濟學碩士的學位。這具備了一個商人所應有的知識與素質。

出人意料的是，拿到學位之後，他還是沒有立刻投入商界，而是考取了公務員，到政府部門工作。

在那裡，他認識了很多政府官員，開始建立起自己的人脈網絡，並且在與人交際的過程中，培養自己機敏、幹練和臨危不懼的個性。

在政府部門工作了五年之後，他毅然決然地辭職從商，結果成績斐然。

兩年之後，他成立了拉福貿易公司，短短二十年時間，拉福貿易公司的資產從最初的二十萬美元進展到兩億美元。

這家公司的老闆，正是美國知名企業家比爾·拉福。

從比爾．拉福的身上，我們可以看到，成功的人一定是個深謀遠慮的人。比爾．拉福並不急於達成目標、完成夢想，相反地，他先花很多時間充實自己，讓自己具有足夠的能力，然後才全力朝夢想衝刺。

每個人都有自己的成功時間表，有的人少年得志，有的人大器晚成，每個人成功的時間都不一樣，但是不急於一時的人，總是能獲得更大的成功。

通往成功的路上，比衝刺更重要的，是佈局；比滿腔熱血更重要的，是冷靜沉著。

與其急著看見成果，不如先動動腦想想自己的人生藍圖，替自己規劃成功進度表，多花點時間完善自己。這麼做也許這會延遲你成功的時刻，但是也會相對地延長你成功的時間。

# 自負只會阻擋自己進步

當一個人認為自己比別人都高明，人生境界就不可能太高；當一個人沉醉於頭頂上的光環，其實已經忘了怎麼低頭做事。

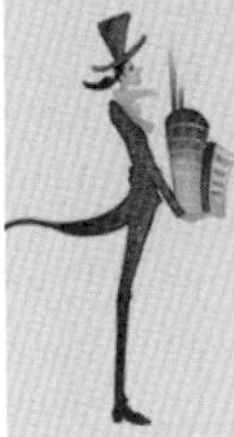

人最常犯的一個錯誤就是以眼前的景況衡量未來，尤其稍有成就之後，會以爲現在是這樣，以後也一定會是這樣，最後在自負之中迷失。

古希臘哲人埃斯庫羅斯曾經寫道：「人不應該有高傲之心，高傲會開花，結成破滅之果。在收穫的季節裡，會得到止不住的眼淚。」

永遠不要以爲自己是最好的。自負除了阻止你進步之外，沒有其他的價值。

即使你站上了世界的最頂端，你也一定要記住，你的頭上還有天空，天空之上，還有太空，你永遠不會是最崇高的。

耶魯大學三百周年校慶之際，全球第二大軟體公司「甲骨文」的行政總裁，也是世界排名第四的富豪艾里森應邀參加典禮。

艾里森上台對畢業生致詞時，出人意表地說：「所有哈佛大學、耶魯大學等名校的師生，都自以爲是成功者，其實，你們全都是失敗者！你們以出過比爾·蓋茲這些優秀學生爲榮，但比爾·蓋茲並不以在哈佛讀過書爲榮。」

此話一出，全場師生聽得目瞪口呆，內心憤怒卻又不知道該怎麼反駁。

但是，艾里森還不肯罷休，繼續接著說：「很多最頂尖的人才非但不以哈佛、耶魯爲榮，而且，他們根本就把那種榮耀棄如敝屣。比如說，世界第一首富比爾·蓋茲，中途從哈佛退學；世界第二富豪保爾·艾倫，根本就沒上過大學；世界排名第四的有錢人，就是我艾里森，被耶魯大學開除；世界第八名富豪戴爾，只讀過一年大學。」

「微軟公司的總裁斯蒂夫．鮑爾默在財富榜上大概排在十名以外，他和比爾．蓋茲是同學，爲什麼他們的成就差了一大截呢？因爲他讀了一年研究所之後，才戀戀不捨地捨棄了他的學位……」

台下的聽眾聽到這裡，雖然心裡五味雜陳，相當不是滋味，但也不得不認同艾里森所說的並沒有錯。

這時，艾里森轉而開始「安慰」那些自尊心受損的耶魯畢業生：「儘管如此，在座的各位，你們的人生還是充滿希望的。因爲你們經過這麼多年的努力學習，終於擊敗了那些能力不如你們的人，贏得了爲我們這些人工作的機會。這不就是你們終生所追求的目標嗎？」

艾里森的話也許不動聽，但是卻內含一份苦心。

人總是以自己曾經擁有或目前擁有的東西爲榮，認爲自己出生在一個良好的家庭、畢業於一所有名的大學、服務於一家頗有前景的公司，就一定比別人高貴，或是比別人成功。

然而，這些只是想像，在瞬息萬變的時代，眼前的優勢並無法保障自己一輩子。當一個人認爲自己比別人都高明時，人生境界就不可能太高；當一個人沉醉於他頭頂上的光環時，其實已經忘了怎麼低頭做事。

身分、名牌、財富……這些東西是許多人汲汲營營追求，認爲值得自己引以爲傲的事物，但是我們要知道，沒有一種身分是全世界最高貴的，沒有一個頭銜是自己可以一輩子受用的。

# 沉溺於安逸會讓自己陷入危機

令你感到安全的東西，其實也是最危險的，因為那會讓你忘卻了危險，忘記了自己所處的環境其實危機四伏。

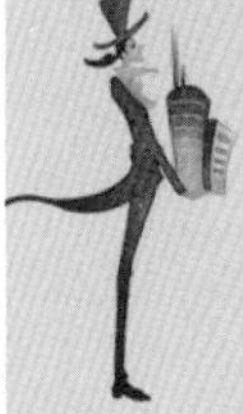

美國勵志作家布魯克斯提醒我：「生活中最大的危機，就在於安於現狀，一點都不想改變。事實證明，不想改變只會讓你越活越煩惱。」

熟悉的事物會讓人沉溺於安逸的情況中，讓人很難有新的進步。想要超越過去的自己，就應該大膽踏出舊有的框界，挑戰陌生的領域。

一家傳銷公司正在對新進的業務員進行培訓。

主管在白板上畫了一個圓圈，圓圈中央站著一個人。接著，他在圓圈裡頭加上了一棟房子、一輛汽車和幾個朋友。

然後，他對業務員說：「這是會讓你感覺到舒服的區域，我們把它叫做『舒服區』。在這個圓圈裡，每樣東西對你來說都很熟悉重要，比方說你的房子、你的家庭、你的朋友，你的工作……只要待在這個圈圈裡頭，人們就會覺得安全、自在，遠離危險或爭端。但是，現在誰能告訴我，當你跨出這個圈圈之後，會發生什麼事？」

眾人沉默了一會兒，有一個學員舉手，小聲地說：「會感到害怕。」

另外一位學員則說：「會做錯事。」

主管聽了，微笑地說：「很好，當你做錯事，你會得到什麼結果呢？」

「會受到懲罰。」一名學員回答。

「得付出代價。」另外一名學員說。

「會從中學到經驗與教訓。」有一名學員回答得很大聲。

主管露出滿意的笑容，回應道：「正是如此，你會從錯誤當中學到很多有價值的東西。」他繼續說道：「我們必須要離開舒服區，才能讓自己有犯錯的機會，才能學到以前不知道的東西，透過這樣的經驗，將會增長自己的見聞，才能有所進步。」

說著，主管再次轉向白板，在原來圈圈之外畫了一個更大的圓圈，並且在大圈圈裡加上了新的東西，例如更多的朋友、一座更大的房子……等等。

接著，他對業務員說：「如果你老是在自己的舒服區裡頭打轉，不肯踏出來，你就永遠沒辦法進步。只有當你跨出舒服區以後，才能讓自己人生的圓圈擴張變大，才能把自己塑造成一個更優秀的人。」

千萬不要滿足於自己現有的小圈圈，因爲外面的世界總是不斷變化，如果你不懂得隨時擴展自己圓圈，那麼你的小圈圈就會被外在環境壓縮得更小。

到時候，你的小圈子便再也容不下車子、房子、朋友……再也容不下那些令你感到安全的事物。

那時你就會發現，這個世界上根本沒有所謂的「舒服區」，因爲一旦你放心地沉浸於眼前的舒適，很快地，你就會開始覺得不舒服。

要知道，令你感到安全的東西，其實也是最危險的，因爲那會讓你忘卻了危險，忘記了自己所處的環境其實危機四伏。

所以，我們應該隨時把自己置身於「舒服區」的邊緣，永遠一腳踩在圈圈內，一腳跨到圈圈外。如此，一方面可以享受自己已經擁有的成就，另外一方面也可以按部就班，有效率、有計劃地向外探索未知的領域。

## 多嘗試，就一定能找到出路

如果你不知道自己什麼事情做得好，什麼時候做不好，那麼不妨就學無頭蒼蠅一樣，多方面嘗試，不要為自己設定界線。

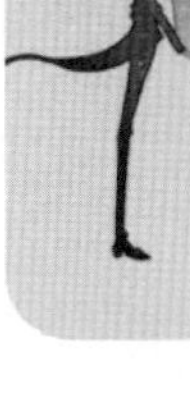

奮鬥的過程中，人難免會有茫然無措，覺得自己像隻無頭蒼蠅的時候。

然而，只要能夠記取經驗和教訓，有時做隻無頭蒼蠅其實也沒有什麼不好。

如果你不能確定什麼事情該做，什麼事情不該做，如果你不知道自己什麼事情做得好，什麼時候做不好，那麼不妨就學無頭蒼蠅一樣，多方面嘗試，不要爲自己設定界線。

美國康奈爾大學的威克教授曾經做過一個實驗，把幾隻蜜蜂放進一個平放的瓶子裡，瓶口敞開卻向著黑暗，瓶底則向著有光的一方。

只見蜜蜂們不停地向著光亮的地方飛動，然後不斷撞向玻璃瓶壁。最後，牠們飛得精疲力竭，卻依然還是沒有辦法從瓶底飛出去。於是，牠們奄奄一息地停留在光亮處，不肯再做任何努力，也沒有想過其他的可能。

威克教授接著倒出蜜蜂，在相同的條件下，在瓶子裡放進幾隻蒼蠅。才幾分鐘的時間，瓶子裡的蒼蠅飛得一隻也不剩。

理由很簡單，蒼蠅不像蜜蜂一樣執意往光亮處飛行，牠們會多方嘗試，向上、向下、向光、背光，只要試過以後發現行不通，就會立刻改變方向。

雖然牠們必須經歷許多次錯誤與失敗，但是，牠們最終還是會找到出口，用自己不懈的努力，改變了原本可能會像蜜蜂一樣的命運。

德國作家哈格多斯曾經寫道：「想要成功嗎？秘訣很簡單，那就是不要害怕失敗，不論失敗幾次，都要繼續嘗試。」

人生最重要的是多方嘗試，多爲自己留下一些失敗的空間，多爲自己爭取一些失敗的機會。

當你失敗越多次，就會漸漸明白自己「不適合」做某些事，便會知道自己「適合」做哪些事。

不是每個人都能夠很早就確定自己的人生道路該往哪個方向前進，若是你的志向還不夠堅定，那麼你或許應該要從「不執著」開始學起。

# 放棄就等於失去競爭力

通往成功的路上未必是一片坦途。不放棄，未必會成功；但是放棄了，就一定不會成功。

詩人朗費羅曾寫道：「失敗可能是變相的勝利，低潮就是高潮的開始。」

真正的強者不會向失敗低頭，而會再接再厲，勇敢向困難挑戰。一個成功的人，什麼事都可以做，什麼虧都可以吃，什麼路都可以選，但是他們的字典裡，從來沒有「放棄」這兩個字。

戴維斯是世界一流的保險推銷大師。

在他的退休大會上，許多同行都問他：「推銷保險的秘訣是什麼？要怎麼樣才能像你這麼成功呢？」

對於這個問題，戴維斯早有準備。他命人抬出一座鐵馬，鐵馬下面垂著一個大鐵球，這顆鐵球看起來十分沉重，需要出動四名彪形大漢才扛得動。

當鐵馬被放到講台上之後，戴維斯手持一個小鐵鎚，朝大鐵球敲了一下，大鐵球一動也沒有動；戴維斯又敲了一下，大鐵球還是不動。就這樣，戴維斯一句話也沒有說，只是一下接著一下地敲著鐵球。

十分鐘過去了，大鐵球文風不動；二十分鐘過去了，大鐵球依然不動如山。

底下的來賓開始有些騷動了，部分的人開始悄悄離場，越到後來，走掉的人越多，到最後只剩下零星幾個人。

但是，戴維斯拿著鐵鎚的手沒有停過，依舊全神貫注地繼續敲著大鐵球。

大約一個小時以後，大鐵球終於開始慢慢地晃動了，隨著戴維斯一下又一下的敲擊，鐵球搖晃的幅度越來越大，到後來就算有人想讓大鐵球立刻停下來，恐怕也很不容易！

這時，戴維斯才以堅定無比的口氣對台下的來賓說道：「我成功的秘訣，就是只要方向對了，就絕不放棄，一直到取得成功爲止。」

通往成功的路上未必是一片坦途。

麥可喬丹曾經被高中籃球校隊拒絕過；海明威據說修改了《老人與海》這部小說八十次，才將它付梓；理查胡克花了七年的時間寫出詼諧戰爭小說《外科醫生》，並且一共遭受過二十一家出版商拒絕……

但是，無論遭遇多少挫敗，他們都仍然堅持去做他們認爲自己應該做的事，所以他們的努力最後都得到了美好的回報。

不放棄，未必就一定會成功；但是放棄了，就一定不會成功。放棄就等於失去競爭力，你是要放棄，還是不放棄？

# 用夢想代替頹喪

夢想是人類進步的原動力，只要我們有夢想，我們就有了奮鬥的方向，只要方向對了，那麼成功也不遠了。

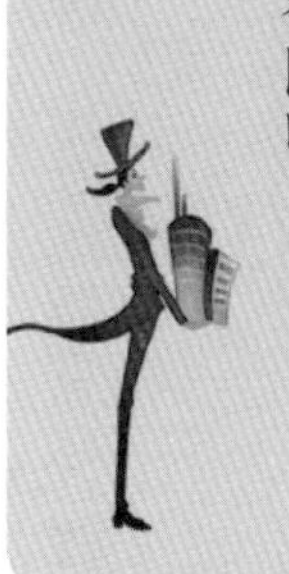

所有人的改變都有一個共同的出發點，就是他們心中有夢，不管遇上什麼難題，都會想辦法圓夢。

夢想是人類進步的原動力，只要我們有夢想，我們就有了奮鬥的方向，只要鍥而不捨朝這個方向前進，那麼成功也不遠了。

戴爾是個社會學家，一心以幫助窮人為志。

有一天，他奉命來到一座貧窮的小鎮，和當地二十五個靠政府救濟金生活的窮人會面，希望能夠幫助這些人改善原本的生活，脫離貧窮。

當他見到這些窮人，問他們的第一個問題是：「你們有什麼夢想？」所有人都用怪異的眼神看著戴爾，好像他說的是火星話一樣。

「夢想？我們連吃飯都成問題了，哪還有時間做夢？」一個面黃肌瘦的寡婦沒好氣地回答說。

戴爾笑了笑，耐心地解釋：「夢想和做夢不一樣。不管你們的生活多麼困苦，總會希望得到些什麼，希望自己想像的某件事情可以實現，這就是夢想。」

那名寡婦說：「我還是不知道你所謂的夢想是什麼東西。我現在最想趕走野獸，因為牠們總是想闖進我家咬我的孩子，這算是夢想嗎？」

大夥兒聽了，都笑了起來。戴爾說：「喔！那妳想過什麼辦法沒有？」

寡婦回答說：「我想裝一扇牢固的、可以防禦野獸的新門，這樣我就可以安心地出去工作了。」

「那你們當中有誰會做防獸門嗎？」戴爾對著衆人問。

一個看起來有些狼狽的瘸腿男人說：「很多年前我曾自己做過門，但是現在不知道還會不會做。不過，我想我可以試試。」

戴爾點點頭，繼續問其他人還有些什麼夢想。

一個單親媽媽說：「我想去上課，學習怎麼去當個秘書，可是要是我出門了，就沒有人可以照顧我的四個孩子了。」

「那麼，有誰可以照顧四個孩子？」戴爾問。

一位孤寡的老太太舉手說：「我以前曾經幫我的姊妹帶過孩子，我想帶孩子這件事情難不倒我。」

戴爾於是給那個瘸腿男人一些買材料和工具的費用，並且安排那名單親媽媽去上免費的秘書課程，然後結束了這一次的面談。

一個月以後，戴爾再次來到這座村莊。

他看見那名面黃肌瘦的寡婦氣色明顯紅潤了許多，因爲家裡有了防獸門，她可以放心地出去種菜；瘸腿男人做的門贏得了衆人的讚賞，每個村民需要木工的時候，都會第一個想起他；單親媽媽在學會電腦文書處理之後，找到了一份足以養活自己和四個孩子的工作；獨居老太太成了一名職業褓姆，不但每天有許多可愛的孩子作伴，也體會到了自力更生的滿足感。

在這個故事中，我們看到兩名勇敢的媽媽爲了養育子女所做的努力，但是我們同時也看到了男人和老太太爲了幫助別人實現夢想而付出的心力。

原來，美夢不一定是要爲自己而做，幫助別人實現他們的夢想，我們一樣也可以得到美夢成眞的快樂。

如果你實在找不到自己的人生目標，或是你已經實現了你全部的夢想，那麼不妨把別人的夢想當成自己的夢想，努力爲別人著想。

幫助別人，能夠讓你感受到自己的價值；只要你肯定了自己的價值，你必定能得到更多實現夢想的滿足。

# 保持速度，才能持續進步

當你想要偷懶的時候，告訴自己：學習每一件事都要像練功一樣，一日不練，不進則退；三日不練，前功盡廢。

俄國作家克雷洛夫曾說：「有天分而不持續運用，天分一定會消退。如果你不掌握向前邁進的速度，那麼你將在慢性的腐朽中逐漸衰滅。」

如果你想要浮在檯面之上，永遠不能停止前進的速度。

當你想要偷懶的時候，可以想想以下這個值得深思的故事。

海爾集團的CEO張瑞敏在一次中階幹部會議上提出這麼一個問題：「石頭要怎麼才能在水上漂起來？」

大夥兒提出了五花八門的答案。

有人說：「要把石頭掏空。」

張瑞敏搖搖頭，回答說：「石頭掏空了，還叫石頭嗎？那不成雞蛋殼了？」

也有人說：「把它放在木板上。」

張瑞敏還是搖頭說：「不能用木板。」

甚至有人說：「用假石頭不就得了！」

張瑞敏反諷道：「那你爲什麼不乾脆用假的水呢？」

他再一次認眞地問：「石頭是眞的，水也是眞的，請問要怎麼讓一塊眞的石頭漂在眞的水上面呢？」

終於有個人靈光一閃，站起來回答說：「速度！」

張瑞敏這時才露出滿意的笑容，點點頭說：「對了，關鍵就在於速度！《孫子兵法》上說：『激水之疾，至於漂石者，勢也。』一塊石頭想要在水上漂起來，就必須仰賴速度才行。」

大多數人都玩過「打水漂」這個遊戲，把一顆石頭往水上擲過去，擲得好，石頭可以在水面上彈個好幾下才落入水底。

石頭落入水底之前，支撐石頭在水上「飛」的，正是速度。

是的，石頭只有在速度夠快的時候，才能「飛」起來。人也是一樣，只有保持一定速度的時候，才能不沉入水底。

當你想要偷懶的時候，必須告訴自己：學習每一件事都要像練功一樣，一日不練，不進則退；三日不練，前功盡廢。

停下來，你不會停留在原地，你只會沉到水裡去。

# PART 2

# 積極經營自己的生命

學習伍登在每天睡前的激勵法，
告訴自己：「我今天表現得最好，
明天也會如此，後天也是，永遠都是！」

# 機會只留給懂得珍惜的人

當天時、地利與人和齊備的時候，只要投入充足的毅力與努力，成功的位置我們就能坐得更安穩、更持久。

大仲馬曾在《三劍客》裡寫道：「當幸運之神向你伸出雙手的那一剎那，你若是有了輕慢之心，那麼，祂將會立即收回祂的手。」

每個人都有好運降臨的時候，至於是否有緣領受，全看自己用什麼態度面對眼前的契機。

如果面對絕佳機會卻不知把握，不願竭盡心力爭取，甚至怠惰、傲慢、自以爲是，最後的結果必然錯失良機，眼巴巴看著別人享受成功的果實。

像這樣不知道珍惜，只會糟蹋機會的人，又有什麼資格抱怨命運對自己不公呢？

在里約的貧民區裡，曾經有個很喜歡足球的男孩，但是，由於家境清寒，這個男孩便只能從垃圾箱中撿來椰子殼、汽水罐……等等，學習踢足球的技巧。

有一天，男孩來到一個已經乾涸的水塘中玩耍，在他的腳下，正要玩著一個大豬蹄。

這時，恰巧有個足球教練經過，發現男孩踢豬蹄的腳力很強，於是，便好奇地問男孩爲什麼要踢這個豬蹄。

男孩瞪大了眼說：「我在踢足球，不是踢豬蹄！」

教練一聽完，笑了笑，說道：「豬蹄不適合，我送你一顆足球吧！」

男孩開心地拿到了足球，每天更賣力地練習，逐漸的，已經能夠精準地把球踢進十公尺外的水桶中。

到了耶誕節的那天，男孩對媽媽說：「媽咪，我們沒有錢買聖誕禮物給那位送我足球的好心人，不如這樣，今天晚上祈禱的時候，我們一起爲他祝禱吧！」

男孩與媽媽禱告完畢後，向媽媽要了一個剷子，便跑了出去。

只見男孩來到一個別墅的花圃中，努力挖出一個凹洞，就在他快要完成時，有個人走過來，問他在做什麼。

男孩抬起紅通通的臉，甩了甩臉上的汗珠，開心地說：「教練，耶誕節我沒有禮物送給您，只好幫您挖一個聖誕樹坑。」

教練哈哈大笑地看著男孩，說：「孩子，我今天得到世界上最好的禮物，你明天到我的訓練場吧！」

三年後，這位十七歲的男孩在第六屆世界杯足球賽上，一人獨進二十一顆球，爲巴西捧回第一個金杯。

這位男孩正是今日世人熟悉的足球巨星，球王比利。

西班牙作家加爾多斯曾經寫道：「好運不會直接降臨在你等候的路上，它必須先經過一段曲折坎坷的道路後，才會出現在你面前。」

看著比利練習足球時的投入，不管腳下踢的東西是什麼，他都堅持是「足球」的精神，就能預言他的未來必定會成功；即使沒有遇上這位足球教練，他也都會是未來的足球巨星。

故事中的比利，因爲目標明確，讓他有超強的毅力；因爲知道感恩，使他走向成功的路途上，遇到貴人和機會比別人更多。

球王比利成名的故事，無疑告訴我們，當天時、地利與人和齊備的時候，只要投入充足的毅力與努力，不恃寵而驕，成功的位置我們就能坐得更安穩、更持久。

## 堅守原則就不會迷失

只要確認我們的方向正確無誤，便能堅持自己的原則；即使此刻還在迷宮中跌跌撞撞，我們也不再迷失。

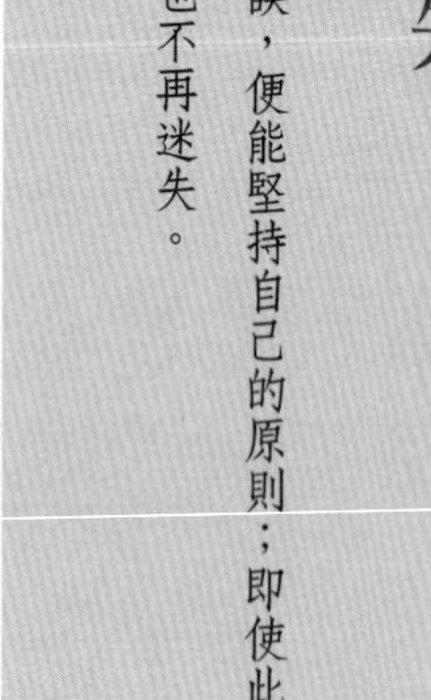

俄國文豪高爾基曾經勉勵年輕人：「力求成為自我，在任何時候都忠於自我，力求達到內心的和諧。」

不要爲了謀取小功小利而不擇手段，甚至放棄自己的最後一項原則，一旦原則喪失，未來就只能任憑別人的擺佈與欺騙。

亞雅大學畢業後到現在，已經半年了，但是工作一直找得很不順利。當她走進這間大公司的接待室時，手上拿的號碼牌是第二十七號。

被時間消磨得有點失去信心的亞雅，看著前面應徵的女孩們，總覺得她們各方面一定都比自己強。

此刻的亞雅雖然信心不足，卻仍不斷地告訴自己：「希望看似渺茫，但是一定還有機會的，別灰心！」

等到亞雅走進面試房間時，幾乎已經是下班時間了。主考官們個個露出疲態，從詢問年齡、文憑、特長到傳閱個人資料，一切動作與問話幾乎成了一種例行公事。

最後，其中一位較年長的主審官問：「如果妳和客人應酬時，爲了公司的利益，要妳做出有限度的犧牲，妳願意嗎？」

亞雅聽到「有限度的犧牲」時，精神忽然清醒起來，心裡想著：「爲什麼要有限度的犧牲？是被人佔便宜嗎？爲了立足而放棄自己的原則嗎？」

亞雅仔細地想了想，堅定地站了起來，說：「不願意！」

正當她轉身，準備說再見的時候，這位年長的主考官卻朗聲說：「恭喜妳，妳被錄取了；妳是第二十七位應徵者，也是第一個說『不』的人；我們正需要像妳這樣，堅持自己原則的人才。」

其實，在我們身邊這類情況層出不窮，原因很多，就像工作這件事，是爲賺錢而工作，還是因爲興趣而工作，有多少人清楚自己想要的是什麼？現在做的是什麼？

連自己的興趣是什麼都不知道，如何要求他們堅持自己的原則呢？

凡事都有一定的目的與意義，只要確認我們的方向正確無誤，便能堅持自己的原則；即使此刻還在迷宮中跌跌撞撞，我們也不再迷失，會比別人更早一步走出迷陣。

# 積極經營自己的生命

學習伍登在每天睡前的激勵法，告訴自己：「我今天表現得最好，明天也會如此，後天也是，永遠都是！」

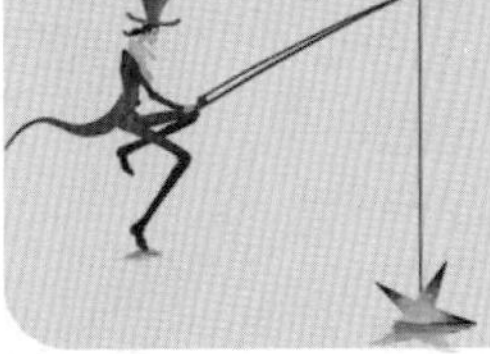

有位哲人勸誡我們：「把今天視為生命的最後一天來生活！」

這不是悲觀消極的想法，而是要我們以更達觀的態度面對世事，拋開人際的糾葛，積極地經營自己生命中的每一天。

伍登是美國有史以來，最成功的籃球教練，同時他也是一位充分運用「自我暗示」的力量，讓自己成功的佼佼者。

當伍登還是個小男孩的時候，他的父親便時常對他說：「讓每一天都成爲你的最佳傑作！」

伍登時時刻刻都記著父親留給他的這句話，不管颳風或下雨，這句話讓伍登的每一天都充滿了活力，而且沒有一天例外。

即使是生病了，在他的臉上仍然看不出一點病態，全身上下永遠充滿了活力的色彩！

伍登在加州大學洛杉磯分校擔任籃球教練時，十二年之內總共榮獲了十次的全國冠軍。

當人們問他如何創造這樣輝煌的戰果時，伍登回答說：「我和我的球員，每天都會經歷一個『自我暗示』的過程，而且十二年來從不間斷。」

「什麼叫自我暗示？」人們好奇地問。

伍登說：「每天晚上睡覺之前，我都會對自己說：『我今天表現得最好，明天也會如此，後天也是，永遠都是！』」

人們訝異地問：「只是這樣而已嗎？」

伍登接著用斬釘截鐵地口吻，對著他們說：「讓每一天成爲你的最佳傑作，這就是最有效的成功方法。」

伍登運用自我暗示的方法，每天不斷地激發自己的潛能，這也正是許多心理專家一再強調的「潛意識」。

「每一天」都是伍登的最佳傑作，因爲在每一天的開始，潛意識便會釋放出「我今天一定會表現得非常好」的能量，讓伍登能夠樂觀而自信地經營每一個「今天」。

樂觀與積極是自我暗示最重要的導引，只要相信自己，就沒有什麼事是不可能的；只要相信自己，就能夠充滿勇氣地把雙腳跨出去，機會隨時都將現身迎接。

從今天開始，學習伍登在每天睡前的激勵法，告訴自己：「我今天表現得最好，明天也會如此，後天也是，永遠都是！」

作家薩帕林娜曾說：「只有不斷地追求探索，永遠不滿足於已取得的成績的人，生活才是美滿的、有價值的。」

人生過程中，所有發生在我們身上的順境或逆境，其實都隨著我們面對的態度在改變。態度正是改變不如意際遇的關鍵因素，遇到層出不窮的各種障礙，如果你願意試著改變，就會有不一樣的發展。

# 機會是不會留給害怕冒險的人

機會只會留給勇於冒險的人，那些只顧著害怕擔心的人，即使機會送到他們的面前，仍將白白浪費。

你花在「擔心」的時間，比「行動」的時間多嗎？

如果一切都還沒有開始，你卻花那麼多的時間去害怕和恐懼，似乎一點作用也沒有吧！

有兩個住在鄉下的年輕人決定出外打工，一個準備到上海，另一個則要到北京去。兩個人同時坐在大廳等車，這時在他們的耳邊，不時傳來人們的議論，有人說：「上海人可精明了，連外地人問路都要收費呢！」

另外有人說：「聽說北京人比較有人情味，看見沒飯吃的人，不僅會送饅頭給他吃，甚至還會送衣服呢！」

準備到上海打拚的年輕人，聽到人們這麼說，想了想：「幸虧還沒上車，到北京好了，反正掙不到錢也不會餓死。」

而另一位準備上北京去的年輕人卻這麼想：「還是到上海去，居然給人帶路也能賺錢，在那裡一定有很多賺錢的方法；幸虧還沒上車，不然我可失去發財的機會了。」

兩個人同時來到退票處，相互詢問之後，剛好可以互相交換車票，分別前往北京和上海。

來到北京，果然如人們傳言的那樣，年輕人初到北京的一個月裡，什麼事都沒做，卻每天都能飽餐一頓。他在銀行的大廳喝免費的白開水，在賣場裡有免費試吃，生活就這麼日復一日地度過。

而來到上海的青年，發現上海果然到處都有賺錢的機會，不僅帶路有錢，看廁所也有錢，甚至拿盆水給人也有錢賺，只要腦子多轉轉，再花點力氣，到處都有錢可以賺。

憑著鄉下人對泥土的感情和認識，第二天起，他便在建築工地，向工頭要了十包含有沙子和樹葉的廢土，經過處理包裝後，他以「盆栽土」之名，向上海人兜售。

喜歡花朵卻連塊泥地都難得看見的上海人，發現這個新鮮的玩意，不禁上前詢問價錢；當天，他在城郊間就往返了六趟，淨賺了五十塊錢。

一年後，他憑著販售「盆栽土」，在上海買下了一間小店面。

有一天，他走在街弄裡，忽然發現許多商店樓面很亮麗，但是招牌卻又髒又黑；經過打聽之後，他才知道那些清潔公司只負責清洗門面，卻不負責擦洗招牌。

於是，聰明的他立即買了梯子、水桶和抹布，成立一個小型的清潔公司，專門負責擦洗店家的招牌。後來，他的公司小有規模，有一百五十位員工，業務也由上海發展到杭州和南京。

這天他搭乘火車，準備到北京考察市場，當他來到北京車站時，有個拾荒者把頭伸進車窗，向他要了一個啤酒罐。就在遞拿瓶子的時候，兩個人相互望了一眼，同時都愣住了，因爲他們同時想起當年兩個人交換車票的那一幕。

兩個年輕人兩種完全不同的結果，其中的關鍵，正是有無冒險的勇氣。機會只會留給勇於冒險的人，那些只顧著害怕擔心的人，即使機會送到他們的面前，仍將白白浪費。

故事中我們看見，成爲北京乞討一族的青年，只是聽說上海居大不易就退縮，連嘗試的勇氣都沒有，以窮困潦倒結局，似乎早可預知。

而成爲上海商人的年輕人，則以不同的角度解讀，明白現實生活的勢利苛刻反而讓他更有鬥志，所以，一下車他的人生便有了全新的開始；在努力求生存的過程裡，他便已經走在成功的道路上了。

# 你是沒有機會，還是沒有準備？

機會永遠只留給有準備的人，所以每當我們在抱怨運氣不佳的時候，不要只顧著埋怨別人不給自己機會。

法國文豪巴爾札克曾經寫道：「世上所有德性高尚的聖人，都能忍受凡人的刻薄和侮辱。」

其實，有時候，刻薄的人，比那些表面迎逢你的人更有用處，因爲，他們的話語雖然尖酸，但卻句句是實話，他們的行爲雖然刻薄，但卻可以當作負面借鏡，讓你學到寬容的處世智慧。

當我們抱怨別人不給自己機會之前，何不先審視自己的能力，當機會眞的來臨，你能大聲地說「我沒問題」嗎？

抱怨別人對自己刻薄，只會讓我們的內心充滿苦惱，但是懊惱歸懊惱，機會仍然要與你說再見。

阿明和幾個朋友聚餐，每個人都大發牢騷，感嘆生活中的不順遂，抱怨自己的機運太差或機會太少。

這時，有位學長對他們說了一個自己的故事。

這位學長剛畢業的那年，很快就找到工作，但是過沒多久，他便開始對工作產生倦怠。

當時，心情不好的學長，爲了紓解自己的情緒和壓力，常常會帶著魚竿到湖邊釣魚。但是，換了好幾個地方，他都沒有獲得好成績。於是，他的魚簍子越換越小，最後只見他拎著一把釣竿和魚餌就出門了。

有一天，釣魚技術不如他的同事老王，約他一同去釣魚，老王拿了一個大魚簍，當他看見學長幾乎兩手空空，便塞給他一個小魚簍。

學長搖了搖手，對老王說道：「不用啦，我每次都釣不到兩條魚，用手拿就夠了。」

但是沒想到，這天卻出乎意料，他們竟然遇上了豐富的魚群，魚餌幾乎都來不及裝，那些大魚小魚可說是一條接著一條地甩上岸。

學長的魚餌很快就用光了，幸虧老王帶了許多魚餌來。

學長看著老王裝得滿滿的大魚簍，自己只能用柳條綁住幾條，不得不放棄仍在地上活蹦亂跳的魚兒，爲此懊惱不已。

當大家聽完學長的故事時，什麼感想也沒有，反而扯開話題，嘲笑學長都三十五歲了，還想考研究所，未免太晚了。

幾年之後大家再次聚會，有人苦撐著小生意，有人勉強自己在不喜歡的工作環境中苦悶度日。至於學長，知道訊息的朋友們說，他不僅拿到博士學位，現在更是許多公司挖角的對象。

當大家羨慕之際，阿明這才想起學長說的那個「魚簍子」故事，原來是有特別涵義的！

這個故事的涵義是什麼呢？

欠缺機會，通常只是沒有勇氣改變現狀的人的藉口而已。很多時候，並不是沒有機會，而是沒有準備，或是糟蹋機會。

我們總是怪東怪西，卻從來不怪自己。

機會永遠只留給有準備的人，所以每當我們在抱怨運氣不佳的時候，不要只顧著埋怨別人不給自己機會，看一看自己的魚簍是否夠大，有沒有破洞；也許不是池塘裡的魚兒太小或魚群不多，才裝不滿你的魚簍，而是你的簍子破了大洞，讓魚兒全溜走了。

釣魚的工具準備齊全了嗎？

工具不怕多，就怕魚群來的時候，你正好缺了一個魚簍子。

# 機會就一直都在你身邊

不要看別人成功，就認為那是你唯一的成功道路，每個人都有自己的路要走，只要仔細尋找，就會看見指引的路標。

前英國首相邱吉爾曾經提醒我們：「好高騖遠是一種錯誤，我們每次能對付的，只是命運之鏈中的一環。」

當你把身邊的寶山拱手讓人，來到嚮往已久的那座寶山時，你會發現期待已久的寶山，居然是座「半屏山」。

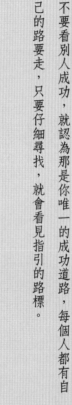

有一位印度長者對阿利．哈費特說：「如果你能得到拇指大小的鑽石，就能買下附近所有土地；如果你能找到鑽石礦，那麼就能夠讓你兒子坐上王位了。」從此，鑽石的價值便深深烙進哈費特的心坎。

那天晚上，哈費特徹夜未眠，第二天一早便跑去找長者，問他到哪裡才能找到鑽石。長者發現他如此迷失，便更改了建言，希望打消哈費特的念頭。

但是，已經沉入妄想中的哈費特完全聽不進去，死皮賴臉地纏著長者，最後長者隨口說：「您要去很高很高的山裡，尋找流著白沙的河，只要找到了白沙河，就一定挖得到鑽石。」

於是，哈費特變賣所有的家產，開始他的尋鑽之路。但是，他找了許久，始終找不到寶藏，最後在西班牙的海邊，投海死了。

幾年後，有人買下哈費特的房子。

當新屋主把駱駝帶進後院的小河邊，準備讓駱駝飲水時，發現沙中竟然閃著奇怪的光芒。

他立即拿了工具去挖，不久便挖到一塊閃閃發光的石頭。

不知道這是什麼的屋主，只覺得這個石塊很漂亮，便將它放在爐架上。

有一天，那位長者來拜訪這戶人家，一進門，就發現爐架上那塊閃閃發光的石頭。長者驚奇道：「這是鑽石啊！是哈費特回來了？」

新屋主說道：「沒有啊！哈費特並沒有回來，這塊石頭是我在後院的小河旁邊發現的。」

長者懷疑地說：「不！你在騙我，當我進來一看，就知道這是顆鑽石，我認得出這是塊眞正的鑽石！」

於是，新屋主向長者說明他找到鑽石的地方，兩人便立刻來到小河邊，開始挖掘。幾分鐘後，地下便露出一塊比第一顆更爲亮麗的石頭，接著又陸續挖掘出許多的鑽石。

後來，獻給維多利亞女王的那塊鑽石，也是出自這個地方，而且淨重一百克拉。

每個人的生命歷程中，都有好運降臨的時候，至於是否有緣領受，全看自己用什麼態度面對眼前的契機。

如果面對絕佳機會卻不知把握，不願竭盡心力爭取，甚至怠惰、傲慢、自以爲是，最後的結果必然錯失良機，眼巴巴看著別人享受成功的果實。

「捨近求遠」是許多人的通病，所以即使寶藏明顯地露出地面，恐怕也不容易被發現。我們開車不也是如此，只要一不注意，就會和路標擦身而過，迷失方向。

不要看別人成功，就認爲那是你唯一的成功道路，每個人都有自己的路要走。只要我們仔細尋找，就會看見指引的路標，重要的是這些路標都不會離你太遠。

# 生命有限，意義無窮

用更寬容的心境面對週遭的人事物吧！當你開始用這樣的態度面對生命時，你才能感受到生命的無限與無價！

你有沒有想過，如何讓生命結束時獲得永生？

不是信耶穌，也不是變成舍利子，而是以寬容的心境爲人類創造出永久的幸福，如此一來，生命才能以另一種方式，繼續地延續。

有一位六十七歲的老人家，正在研究一條南美的毒蛇。

就在這個時候，毒蛇突然驚醒，冷不防咬住了老先生的手。

老先生立即感到一陣頭暈與噁心，他知道死亡即將降臨，便即刻打開日記本，記錄下自己臨死前的所有感覺。

他努力地寫下：「胃部劇痛、身體感到燥熱、耳鳴、眼皮疼痛……」

從日記本上的字跡可以知道，老先生是在多麼痛苦的情況下，寫下這些劇烈顫抖的字。

日記上的最後幾句是：「當血從鼻子和嘴裡流出來時，所有的疼痛感也消失了，然而四肢卻變得軟弱無力，我想，腦袋開始充血了。」

這個老先生正是美國著名的動物學家卡爾·史密特博士。直到臨死前，他仍然努力地要將研究報告完成，並用自己的生命，寫下了這分醫學研究史上獨一無二的資料。

「前人種樹，後人乘涼」，這是老祖宗愛護後代子孫的做法，胼手胝足無悔地付出，只爲了讓你我享受今日的美好生活。

那今日的我們又是如何呢？

科技進步了，人與人之間的距離也遠了，人們主觀的意識加強，只挑利己的事做，將前人努力種植的樹木砍伐精光，自私地只想到當下的自己，忘了前人努力傳承的目標。

樹被砍光了，我們看不見新生的樹苗，人們生活的進步似乎與心智成長形成強烈的反比。

當史密特博士用生命換來珍貴的醫學資料時，我們是否也該醒悟，人類的價值不在個人而是全體，這其中包含了過去、現在與明日的生命。

用更寬容的心境面對周遭的人事物吧！當你開始用這樣的態度面對生命時，你才能感受到生命的無限與無價！

# 目標明確比文憑更重要

成長、學習是為了讓我們更確定自己的目標，有自己的思考能力，讓我們能發現成功的契機。

成功人士所做的第一件事，通常就是把自己的奮鬥目標明確地找出來，然後盡全力向前邁進。

設定目標，無視別人的冷嘲熱諷，正是成功的要素。

科萊特在一九七三年考進哈佛大學，經常坐在他身邊的同學，是一個十八歲

的美國青年。

大二那年，這位小伙子邀科萊特一起退學，他決定去開發一項財務軟體，想找科萊特一起合作。

不過，科萊特拒絕了，因爲他好不容易來到這裡求學，怎麼可以輕易退學？更何況那項系統的研發才剛起步，墨爾斯博士也只教點皮毛而已。

所以，他認爲要開發Bit財務軟體，必須讀完大學的全部課程才行。

十年後，科萊特終於成爲哈佛大學Bit領域的高手，而那位退學的小伙子，也在這一年擠進了美國億萬富翁的行列。

當科萊特拿到博士學位之時，那位曾經同窗的青年則已經晉升到了美國第二大富豪。

在一九九五年，科萊特終於認爲自己具備足夠學識，可以研究並開發Bit財務軟體時，那位小夥子已經繞過Bit系統，開發出Eip財務軟體，而且在兩周之內，這個軟體更佔領了全球市場。

這一年，他成爲世界首富，他的名字叫做比爾．蓋茲。

在只爲升學而升學的年代，有多少人知道自己的方向在哪裡？

學歷高並不能代表專業，一些因爲興趣而進入專業領域的門外漢，對準目標，孜孜不倦地學習研究，反而比任何具有專業知識的人，更懂得知識與實務的運用。

比爾．蓋茲在尚未畢業前，不理會別人的刻薄批評，對準了目標，搶得創業先機，成爲引領世界的龍頭，正是最好的代表。

知識的獲取不是讀過了就好，如果一知半解，即使能勉強畢業，有一張漂亮文憑，往往也只能停在紙上談兵，無法融會貫通地運用。

故事中，世界首富要告訴我們的是，書是活的，學習的過程不是爲讀書而讀書，更不是爲拿到文憑而留在教室裡。成長、學習是爲了讓我們更確定自己的目標，有自己的思考能力，讓我們能發現成功的契機。

PART 3

# 成功靠實力，不是靠投機

「不賭為贏」，

把自己的人生交給幾粒骰子的人，

永遠不會是真正的贏家。

# 用敵人的壓力來鞭策自己

與其讓別人毫不留情地來打敗你，不如先替自己製造敵人，作為鞭策自己、激勵自己的方式。

一個人最大的敵人，往往就是自己，只有勇於自我摧毀，才有可能突破環境的桎梏，獲得新生。

此外，倘使懂得善用敵人的競爭力量來鞭策自己前進，你也可以有更事半功倍的人生。

第一次波灣戰爭之後，美國發明了一種被稱之爲 M-A2 型的坦克。

這種坦克的防護裝甲，在當時堪稱是全世界最堅固的，它可承受時速超過四千五百公里、單位破壞力超過一萬三千五百公斤的外力打擊，並且毫髮無傷。

這種品質優異的防護裝甲究竟是如何研製成功的呢？

道理很簡單，所謂以子之矛，攻子之盾。有同等力量的一方在旁邊助跑，另一方一定能跑得更快。

當時，喬治·巴頓是美國陸軍最優秀的坦克防護裝甲專家之一，他在接受研製 M-A2 型坦克裝甲的任務之後，立即請來一位「死對頭」做搭檔，這個死對頭是著名的破壞專家，邁克·舒馬茨工程師。

他們兩人各自率領一個研究小組展開工作；喬治·巴頓率領的是研發小組，負責防護裝甲的研製，而邁克·舒馬茨率領的則是破壞小組，專門負責摧毀研發小組所研製出來的防護裝甲。

剛開始，舒馬茨不費吹灰之力，就可以輕而易舉地把剛研製完成的坦克炸得體無完膚、四分五裂。

但隨著時間一天一天的過去，研發小組不斷更新材料，修改設計方案，從失敗中汲取經驗，從挫折裡發掘靈感，終於有一天，破壞小組使出渾身解數，這種新式裝甲也依然穩如泰山，沒有一絲一毫的損傷。

這種當時世界上無與倫比、最堅固的坦克，就在這種近乎瘋狂、矛盾不斷競賽的試驗中誕生了。

它的兩名「父親」，喬治．巴頓與邁克．舒馬茨也因此同時榮膺象徵最高榮譽的紫心勳章。

「破壞」和「反破壞」看似兩種對立的關係，但是如果運用得當，它們也可以連成一氣，產生更大的力量。

愛迪生曾經這麼說：「失敗也是我所需求的，它和成功對我一樣有價值，只有在我知道一切做不好的方法以後，我才知道做好的方法究竟是什麼。」

一遇到困難就急著逃避的人，會把困境當成沉重的包袱，但是勇於突破的人，則會把從各種角度尋求出路。

不論遇上什麼難題，放棄努力之前，都要激勵自己從不同的角度再試一次，只要嘗試從各個面向設想，你的思考能力與解決能力就會相對增強。

當生活或工作陷入困境，不妨多動腦多變通，爲自己找到最好的出路。

有壓力才會有成長，有敵人才會有進步。

因此，不用害怕眼前的敵人，也不要害怕可能的失敗，沒有這次的失敗，哪來下次的成功？

與其讓別人毫不留情地來打敗你，不如先替自己製造敵人，作爲鞭策自己、激勵自己的方式。

只有利用最尖銳的長矛，去刺穿最堅固的盾牌，才會不斷刺激出更新更好的矛與盾，你說是嗎？

# 成功靠實力，不是靠投機

「不賭為贏」，把自己的人生交給幾粒骰子的人，永遠不會是真正的贏家。

樂透彩風靡全台，不少人想用五十元搏一億。但是，靠十塊錢港幣起家，後來成爲億萬富豪的澳門「賭王」，在總結他畢生奮鬥的人生經驗時，卻出人意料地說：「不賭爲贏。」

這句話跌破衆人的眼鏡，賭王不賭，怎麼能成爲贏家呢？

當初，賭王從香港前往澳門時，身上只剩下十元港幣。但是，他並沒有用這十元錢去賭自己的運氣，而是找一家貿易公司落腳。由於他吃苦耐勞，腦筋又動得快，很快就有了非常好的工作成績。

股東們看到他是個可造之才，便積極邀他入股成爲合夥人。

賭王慧眼識商機，把澳門一些多餘物資，如小船、發電機等運往大陸販賣，再換取糧食運回港澳。當時正值兵荒馬亂，港澳嚴重缺糧，這一來一往，便獲得豐厚利潤。

這種獨具慧眼、以物易物的交易方式，爲他日後的發展奠定良好的基礎。

到了六〇年代初期，賭王一生的轉捩點來臨。當時承包澳門賭業的一家公司合約期滿，當局登報公開招商。賭王看到這個千載難逢的發展契機，便竭盡全力參與競標；皇天不負有心人，賭王以高於對手僅八萬元的最小代價，獲得澳門賭業的專營權。

拿到賭業專營權，賭王並沒有就此高枕無憂地坐收漁利，而是絞盡腦汁，把賭業作爲一項百年產業來經營。

爲了廣開客源，他投資建造來往港澳的現代化輪船，又投資興建直昇機場和澳門機場，企圖吸引來自世界各地的遊客。

同時，賭王提出把旅遊與賭業結合，以賭業爲龍頭，一口氣帶動全澳門的交通、旅館、餐飲全面發展。

他更一改過去賭場由江湖人士把持的傳統，重用懂得現代企業經營的知識分子，由他們擔任賭場各級管理階層，使賭業由中下層的行業逐漸往現代化、高級化、科技化的方向邁進。

俄國寓言作家克雷洛夫曾經寫道：「貪心的人想把什麼都弄到手，最後的結果卻是什麼都失去了。」

貪婪是一個無底洞，它讓人耗盡心機，只想投機，卻看不見眼前的危機。

「不賭爲贏」，說得眞好！那些把自己的人生交給幾粒骰子，試圖碰運氣的人，永遠不會是眞正的贏家。

想要發財，或許你有兩條路，一條是賭博，一條是投資，你選那一條？

賭博全憑運氣，中獎機率比被雷劈到的機會還小，無論你嚐了多少甜頭，最後贏的永遠是莊家，而老天爺又是最大的莊家。如果一個人既無才也無德，又怎麼可能會平白無故受老天爺青睞？

至於投資，當然也需要一點運氣，但需要更多的是眼光；不只是投資事業，也是投資時間，投資青春，投資精力，所有的投資都只有一個目的，就是讓自己變得更好。

投資靠的是實力，它的前提是「不投機」。

## 有遠見，更要有挑戰的勇氣

懂得立即付諸行動的人，即使頻頻跌跤，他們卻從每一次跌跤的角度中，擁有越來越多的新視野！

只有遠見是不夠的，若是缺乏行動的勇氣，無論你規劃出多麼好的美麗願景，還是徒留一場空。

如果美麗的夢想沒有勇氣加以落實，一味擺在腦海中空轉，那麼，它終將成爲重複的惡夢！

庫克旅遊公司約有五百個辦事處分佈在世界各地，因爲他們每年都會有近一千萬名旅客請他們代辦旅遊事務。

之所以會有如此龐大的客源，全賴庫克本人將總公司由倫敦遷到美國的勇氣與遠見；其後的繼承人也發揮了這項冒險勇氣，讓庫克旅遊的行程都充滿了創意與趣味。

像是著名的百慕達蜜月行程，或是到巴峇島觀光等行程，都是他們精心尋找與規劃出來的創意行程。

庫克公司一旦有了新規劃，對於這些新組成的特殊旅行團，都打出了這樣一個口號——我們不只是帶你們去賞玩山水，更要讓你們從世界不同的角落中，探索更新的事物！

每當老庫克回想起過去奮鬥的經歷，都會給新進員工一些忠告：「你們要做旅行業的先鋒！」

是什麼樣的過去，讓他有這份信心與勇氣？

原來，當年他決定將總公司遷到美國時，他的親友們個個都提出反對意見，連一向支持他的妻子都說：「你是土生土長的英國人，而且想發展旅遊事業，倫敦的條件比任何地方都好啊！」

「不，這是一個新興的行業，需要充滿朝氣的環境來生長，我認爲到新興的美國發展，會比待在保守的英國來得更具發展性。」庫克堅決地說。

庫克太太只得無奈地說：「但是，你有必要將總公司遷到美國去嗎？在那裡你可以設立一個分公司就好，不是嗎？」

庫克搖了搖頭，說道：「那意義完全不同，我們在倫敦已經有了基礎，在這裡每個人都知道庫克公司的名聲，但是，在美國卻要從頭開始。在美國，我們展望的是全世界，必須投入全部的人力與財力啊！不然，怎麼競爭得過當地的旅行業呢？」

妻子聽完庫克的分析後，點了點頭說：「好吧！我會支持你的。」

拿破崙曾經說過：「所謂逆境，只不過是那些沒有勇氣改變現狀的人，製造出來的護身符而已。」

的確，懦夫把困難當做沉重的包袱，而勇者卻把困難當做衝出逆境的力量，只要你擁有改變現狀的決心和勇氣，逆境其實只是你進入順境的一個入口。

因爲能果決明確地下決定，讓老庫克在最精華的人生階段光芒四射，也因爲抱持著強烈的成功企圖，讓老庫克及繼承人都充滿了積極突破的決心。

從故事中，我們發現，「要做就要做最好的」正是老庫克的人生座右銘，也是他傳承給庫克員工們的精神指標。

從充滿遠見與勇氣的庫克身上，你是否也感受到了一份無法言喻的活力和實踐夢想的動力呢？

人生其實就這麼長，一再地猶豫，最終只會讓自己失去越來越多。反之，懂得立即付諸行動的人，即使頻頻跌跤，他們卻從每一次跌跤的角度中，擁有越來越多的新視野！

# 懂得向對手學習，才能超越自己

人生難免會遇上挫折，若一味怨天尤人，不思尋改善良方，放任現況膠著，其實只是離成功愈來愈遠。

獲得成功的途徑有很多，但是否採取正確的方法往往才是關鍵。學習他人長處可以少走點冤枉路，或許還可因此獲得一同砥礪的夥伴。

既然自己的方法無法讓你出類拔萃，那麼何不嘗試用別人的方法呢？

向對手學習，不是示弱的表現，而是一種虛心求教的美德。

有個人經過一座碼頭，看見岸邊有一群人在釣魚，便好奇地走近觀看，發現其中有一個釣桶滿滿都是魚。

那個釣桶是一名老頭的。只見那名老頭動作熟練地從水中拉起線，摘下釣勾上的魚，然後把魚丟到桶子裡，又把線拋回水裡。他的動作沒有一絲猶豫，俐落得像是知道魚一定會上鉤，所以一點也不會感到懷疑。

這個人環顧四周，發現不遠的地方還有七個人在釣魚。每當老頭從水中拉上一條魚，他們就喃喃抱怨一番，憤憤不平地哀嘆爲什麼自己一無所獲。

這個人待在那裡看了半個小時，發現這期間老頭兒不斷地拉線、收線，把釣上來的魚扔進桶子裡，那七個人卻一條魚也沒有釣到，儘管他們只杵在離老頭不到十公尺遠的地方。

於是，他仔細觀察了一下老頭之所以百發百中的秘訣，注意到老頭其實也沒有天大的本事，只是在釣鉤上比別人多放一塊誘餌而已。

最令人感到不解的不是老頭的簡單智慧，而是他發現，旁邊的那一群人明明很容易就看見老頭用最簡單的方法獲得最大效益的，但是卻不願意學習，只會在一旁抱怨，天哪！這些人的心態眞是讓人想不通！

遇到優秀的對手，心生嫉妒是很正常的。

很多人都有酸葡萄心理，明明心裡非常想取得和對手一樣的成績，表面卻仍擺出一副「哼，我才不想像他一樣」的模樣。說穿了，只是自欺欺人罷了。

人生難免會遇上挫折，應該把挫折化爲轉折。若一味怨天尤人，不思尋改善良方，放任現況陷入膠著，其實只是離成功愈來愈遠，到頭來吃虧的仍是自己。

向對手學習，或許不能超越對手，但至少可以幫助你超越從前的自己。

# 發揮自己的專才，讓生命更精采

只要能夠在不同的人生階段中達成應該完成的目標，人生就算不非常成功，也一定會十分精采。

作家尼克芬斯曾說：「只要你認為自己做得到，你就可以做到別人認為自己做不到的事情。」

不管你眼前的際遇如何，都不能小看自己；人生要活出精采，就必須肯定自己的價值，發揮自己的專才。

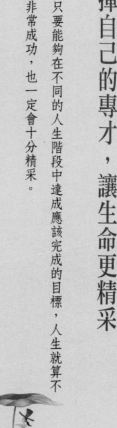

往往一個人做得最好的事情，也會是他最喜歡做的事情。

每個人都應該要往自己感興趣的方向去發展，才能發揮自己眞正的才能與天賦。

但是，發展興趣不是恣意妄爲、率性而行的事情，而是一件目光長遠、循序漸進的長時間工程，絕非一蹴可幾。

被譽爲美國科幻大師的作家艾薩克．阿西莫夫，與人分享他的成功經歷時，寫道：「我決定從化學方面取得哲學博士學位，我做到了；我決定娶一位特別的女孩，我做到了；我決定寫故事，我做到了；之後我決定寫小說，我做到了；再之後，我又決定寫論述科學的書，我也做到了；最後，我決定要成爲一位反映時代的作家，我確實成了這樣一個人。」

艾薩克．阿西莫夫的字裡行間充滿自信，因爲他的確擁有與他的自信相匹配的實力。

你或許沒有看過他的作品，但是你一定曾經聽過「知識就是力量」這句出自他口中的至理名言。

這位生物化學副教授曾經日以繼夜地在波士頓大學的實驗室裡工作，但是，他對打字機的喜愛卻多過於顯微鏡。

回憶往事時，他這麼說：「有一天，我突然明白，我絕不會成爲一個第一流的科學家，但是我可能成爲一個第一流的作家。所以我決定，我要專心去做我能夠做得最好的事情。」

打從那一天起，他以驚人的速度不停地寫作，不停地寫……他的大腦和雙手一樣，幾乎沒有片刻停歇。

他從不休息，一星期有七天總是坐在堆滿了各種各書籍報刊的辦公桌旁，至少打上八小時的字，在他腦海中同時醞釀的創作題材從來不少於三個。他常常只花短短一個星期就寫出一部書，所以他成爲了當代一位百科全書式的傑出作家，撼動了整個世界的文壇。

法國哲學家沙特曾經寫道：「如果我不盡力按照自己的意願去生存的話，我總覺得活著是很荒謬的事。」

的確，人必須勇敢做自己，印證自己有多大價值。只有眞正能夠主宰自己生活的人，才能夠徹底發揮自己的專才，讓生命更加精采。

艾薩克．阿西莫夫的成功模式其實很簡單，他在每個階段的人生中都爲自己訂下一個目標，然後想辦法達成這個目標，並且依照自己在每個階段的表現，發掘自己的才能所在，認清自己能將什麼事情做得最好以後，在下個人生階段中全力以赴地去發展那項專長。

艾薩克．阿西莫夫的成功，有很大一部分其實是建立在他對自己的了解夠多，知道自己在什麼事情上可以做得很好，也設法將它做到最好。

想要像阿西莫夫一樣成功，我們應該先做好自己在這個階段該做的事，然後才在下一個階段專心發展自己的興趣。

只要能夠在不同的人生階段中達成應該完成的目標，人生就算不非常成功，也一定會十分精采。

## 不動腦思考，當然就做不到

人生的道路上，有很多事情是我們一輩子也沒辦法完成的。但做不到，不代表我們不能動腦思考，不代表我們不能動手嘗試。

遇到棘手的事，許多人還沒開始動手，就告訴自己：「這些事情，我一定做不到。」

大部分有這種想法的人，的確有很多事情是他們做不到的。

然而，真正阻礙他們的，不是他們本身的能力不足，而是他們未戰先降的這種壞習慣。他們不讓自己有失敗的機會，因此也斷絕了自己成功的可能。

這一天，屋外颳起了這一年最強大的一場風雪。

教室裡的每個人都在喊冷，大家的思緒都已經凍結成了冰，根本沒有辦法靜下心來讀書。

講台上的布魯斯老師上課上到一半，看見大家心不在焉的樣子，一反常態，神情嚴肅地放下書本，對著學生們說：「大家把書本收起來吧，我們一塊兒到操場上去。」

不會吧！外面這麼冷，到操場上去幹什麼？布魯斯老師接著解釋說：「我們要到操場上去立正五分鐘。」

但是，這個回答並沒有解除同學們的疑惑。所有人仍舊呆坐在位置上不肯移動，一直到布魯斯祭出了「不肯去操場的人，就永遠別再上我的課」這道恐嚇令，大多數的同學才施施然地往操場走去。

空曠的操場上，漫天飛舞的雪粒簡直吹得人睜不開眼睛。風雪襲來，就像是刀子刮在臉上一般，厚實的衣服也隔絕不了屋外的低氣壓，裹著厚襪子的雙腳更早已被凍得失去了知覺。

布魯斯先生沒有多說什麼，只是帶領同學來到操場。接著，面對著學生，脫下身上保暖的羽絨衣。

他繼續想要脫下身上的毛衣，但是才脫到一半，風雪已經把整件毛衣吹走。

布魯斯先生的身上只剩下一件單薄的襯衫，雖然蒼白著嘴唇，但仍堅定地對學生說：「大家到操場中央站好。」

誰也不敢吭聲，大夥兒著實在操場上立正站好五分鐘。

五分鐘之後，大夥回到了教室，布魯斯先生對著大家說：「之前在教室時，我們都覺得自己一定忍受不了屋外的風雪，然而，真正站到外面以後，你們會發現，就算叫你們站上半個小時，你們也能夠做到，就算叫你們只穿一件襯衫，你們也可以頂得住。這就像我們面對困難的時候，很多人都把困難看得很大，但是當你實際走出去和困難搏鬥時，你就會發現，想像中再大的困難也不過如此而已……」

成功學大師卡耐基曾經說過：「人在身處困境時，適應環境的能力，通常比在順境時更為驚人。」

人能不能適應環境，能不能解決難題，完全在於願不願意勇敢面對。

的確，人生的道路上，有很多事情是我們一輩子也沒辦法完成的。但是，做不到，不代表我們不能動腦思考，不代表我們不能動手嘗試。

即使做不到，我們也應該試著去做做看。也許最後的結果會是失敗的，但至少，我們可以大聲地說：「我曾經做過！」

「有些事情，我一定做不到。」這樣的念頭，每個人都會有。只是，失敗的人容許自己接受這樣的藉口，成功的人卻在放棄之前，對自己多說了一句：「沒試過，又怎麼知道自己做不到呢？」

# 先認清方向再力求表現

力求表現的人很多，但是能夠顧全大局的人卻很少，真正的英雄，不是強出頭的人，而是默默支撐大局的人。

眞正出衆的人，不一定具備最良好的技能和才華，但是，卻一定具備相當的眼光與理想；在重要關頭，他不一定會跑第一個，卻永遠能充滿自信地選擇最正確的方向跑。

一家大公司高薪禮聘司機，這個司機將負責爲老闆開車，對老闆的身家安全關係重大，不論人品、技術和化險爲夷的本領都相當重要。

徵才廣告刊登後，應聘者絡繹不絕，經過幾輪專業技術考試和性向測驗，終於篩選出四個最優秀的人才。這四個人駕車技術在伯仲之間，各項筆試的成績也難分軒輊。最後，老闆問每一位應聘者這樣一個問題：「如果有一天你開車開到懸崖邊時，你最多能開到多近才停止？」

第一個人當過汽車教練，自信滿滿地回答說：「我可以開到離懸崖三十公分的地方停止，甚至更近一些。」這對他來說只是雕蟲小技，他拍著胸脯保證。

第二個人從前是個賽車手，開車的技術十分高超，語氣輕鬆地說：「我可以開到懸崖的最邊緣，保證既刺激又不會出任何問題。」

第三個人當過軍人，回答也很特別，畢恭畢敬地說：「您希望我開多近，我就開多近，我的職責就是隨時遵從老闆的安排。」

好一個聰明又狡猾的答案！

第四個人想了想，很誠實地說：「老闆！我從來沒有開車開到懸崖邊，所以不知道我可以開得多近，但是我想，我應該會把車停在離懸崖最遠的地方，因爲懸崖邊太危險了。」

第二天，招聘的結果出來了，第四個人被老闆高薪錄用。

生活中遇到的，諸如人際、慾望、工作、心靈等問題，與其說是一種困境，不如說是教我們做好一個「人」的生命練習題。只要從中明白了世事運轉的基本原則，就能知道何時該順勢而爲，何時又該力圖改變。

成功的人往往不是那些才華出衆的人，而是那些知道輕重緩急，知道先認清方向再力求表現的人。司機肩負著保護老闆的責任，當開車開到懸崖邊時，不是炫耀自己技術的時候，而是以老闆安全爲重的時候。孰爲本孰爲末，相信聰明的你，一定能理解這個道理。

力求表現的人很多，但是能夠顧全大局的人卻很少，正因爲如此，造成了整個社會金字塔的傾斜。眞正的英雄，不是強出頭的人，而是默默待在幕後，用全身力量支撐大局的人。

# 信心能讓一切不可能變成可能

即使人生困難重重，只要我們相信自己，那麼無論別人認為事情有多艱難，我們最終都一定能輕鬆渡過。

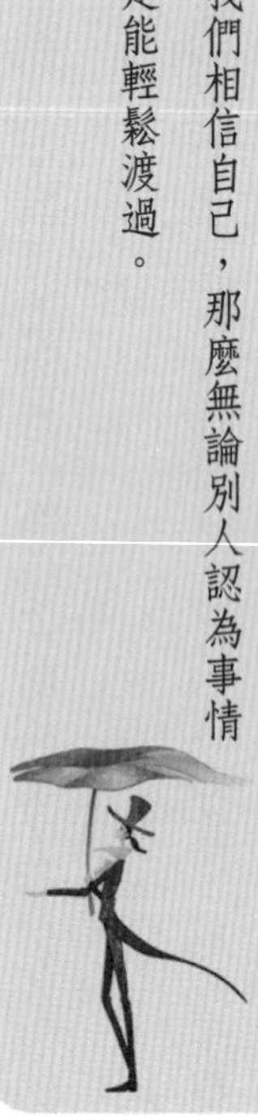

作家塞拉曾說：「通常很多原本你認為不可能的事，往往都在你決定挑戰它的那一瞬間變成可能。」

的確，只要你決定接受這個「不可能」的挑戰，就算是百仞高山也可以鏟平。

只要你決定接受這個「不可能」的挑戰，再怎麼難過的人生關卡，也可以安然度過。

只要你願意相信自己一定做得到，那麼「不可能」這三個字就永遠不會出現在你的「人生字典」。

我們永遠都不知道自己的潛能有多強，但我們仍究要給自己一份信心，因爲唯一能開啓這道生命潛能的人，始終只有我們自己！

只要我們能肯定自己，相信自己，那麼無論成功之門有多沉重，我們也能用一己之力輕鬆開啓。

有一天，釋迦牟尼佛要到恆河的南岸說法，有位虔誠的信徒一聽聞佛陀即將弘法，便不遠千里地來到恆河的北岸，準備到南岸去聆聽大師的教誨。

但是，當他到達恆河的北岸時，卻發現那裡沒有渡船，若是繞到另一條路徑，又恐怕走到對岸時，法會已經結束了。

「怎麼辦才好呢？」男子煩惱地想著。

於是，他只好問在旁邊休息的船夫：「請問，這個河水深不深啊？有沒有其他方法到達對岸？」

船夫說：「請放心，這河水淺淺的，差不多只到膝蓋而已。」

男子一聽，開心地說：「眞的嗎？那我不就可以涉水過去？」

只見他話才說完，便將雙腳踏入水中行走，不可思議的是，最後他竟然眞的從河面上走到了對岸。

而正在恆河南岸聽法的人，看見這個男子竟然渡河走了過來，每個人都嚇壞了，因爲他們知道河水有好幾丈深。

有人擔心地問佛陀：「這該不會菩薩想指示什麼吧？不然，他怎麼能從河面上走過來？」

佛陀微笑著說：「其實，他並不是什麼菩薩的化身，他和你們一樣都是平凡人，也和你們一樣，只是對我所說的話都抱持著絕對的信心，所以，他可以從河面上輕鬆走來。」

「因爲相信，所以不可能也能成爲可能！」

這是釋迦牟尼佛在故事中所要傳達的旨意，祂沒有親自現身來開示人們，只以僞裝的船夫，以一句「請放心」來建立信徒對自己的信心。

在我們的身上原來就存在一種潛能，一種可以讓自己完成任何可能的「自信力量」；一如故事中的平凡信徒，因爲相信佛陀的話，於是心中建立起了橫越恆河的信心，也同時開啓了自己在河面上行走的可能。

其實，故事中的「自信」與「潛能」，並不是深奧難懂的哲理，那只是一個很簡單的生活禪思，告訴我們：「即使人生困難重重，只要我們相信自己，那麼無論別人認為事情有多艱難，我們最終都一定能輕鬆渡過。」

# PART 4

# 逆境是激發潛能的捷徑

人所面臨的困境，其實都是一種幸運，

它們告訴我們當處於順境的時候，

應該要步步為營，

把握住每一個吸收養分的機會。

# 無能為力是因為你還沒出力

人們常常對現實環境感到無能為力，那只是因為你還沒有找到可以使力的地方。只要你停止抱怨，自然就會發現，自己能做的改變還有很多。

人們經常犯的一個錯誤，就是被環境限制，卻不願試著改變環境，只會整天怨東怨西，怪景氣、怪政府、怪鄰居……怪一切可以怪的東西，然後大嘆自己無能爲力。

事實上，所謂的「無能爲力」，只不過是自己根本不想出力。

有個中年郵差，打從二十歲起，就每天往返同一條路，把一封封重要的信件從這頭送到那頭的村莊裡。二十年過去了，什麼都改變了，唯一不變的是從郵局到村莊的那一條道路，還是一樣的單調，還是一樣的荒涼，觸目所及，沒有一花一草，只有飛揚的塵土。

已經邁入中年的郵差，開始領略生命的可貴，每當他想到自己剩餘的人生也必須騎著車子在這一條毫不美麗的小徑上度過時，心中總不免感到有些悲哀。那麼，爲什麼不想想辦法改變這條道路呢？於是，郵差自掏腰包買了一些花的種子，從那天開始，每當他行經這條道路時，就順手把這些種子撒在往來的路上。

一天、兩天、一星期、兩星期……他持續不間斷地努力著。

幾個月以後，那個荒涼了二十多年的道路旁，竟然開了許多五顏六色的花朵，有的含苞待放，有的爭妍奪目，眞是美不勝收。村莊裡的人看了這番景緻，都說這份禮物比郵差二十多年來送達的任何一封信件都還要令他們開心。

最開心的是郵差本人，現在他每天必須經過的不再是一條佈滿塵土的荒涼道路，而是一條賞心悅目的美麗花街。上班對他而言，也不再是一份無聊的例行公事，而是一種悠然的自在享受。

費爾巴哈曾寫道：「理論不能解決的疑難問題，行動可以幫你解決。」

如果，你認爲應該做的事，不論理論上可不可行，儘管放手去做，因爲，不論做的好或不好，至少你已經往目標踏出第一步。

要改變大環境，確實不容易，但若從小地方著手，其實也不是那麼難。

如果你不能改變辦公室的低氣壓，那麼不妨從自己的辦公桌開始改變起。一盆鮮花、一張相片……也許都可以改善你上班時的心情。

如果你不能改變自己的位置，那麼起碼改變自己的姿勢，讓自己在這個位置上坐得比較舒適，這不是比抱怨更有益的方式嗎？

人們常常對現實環境感到無能爲力，那只是因爲你根本不想改變，或是還沒有找到可以使力的地方。只要你停止抱怨，實事求是，你自然就會發現，或許自己能做的改變還有很多。

# 誠實，是對人最好的測試

一個誠實的人，即使能力再差也做不出什麼天大的壞事，但是一個不誠的人，就算能力再好，也絕對不會誠心誠意的為你辦事！

在現代社會中，我們越來越感覺不到誠實的重要，反倒是說謊、做假的人，往往比較能佔到便宜。

然而，這只是一時的假象，說謊做假或許可以獲得暫時的利益，但最終還是會被人唾棄。誠實或許不會爲我們帶來什麼好處，但是，不誠實就一定會替我們帶來壞處。

一家大企業招聘高層人員，有一名年輕人通過重重關卡，成爲十名複試者中的其中一個。

複試由總經理貝克先生主持。當那名年輕人走進總經理辦公室時，貝克先生馬上從椅子上站了起來，先是露出疑惑的神色說：「是你？你是……」

接著，他露出又驚又喜的表情，主動走上前去握住那位年輕人的手：「原來是你！你知道嗎？我找你找了很長時間了！」

說完，他激動地轉過身去，向其他幾名面試官說：「先生們，容我向你們介紹一下，這位就是我女兒的救命恩人！」

還沒等那名年輕人反應，貝克先生又一個勁兒地說：「好幾年前，我和我女兒去划船的時候，我女兒不幸掉進了湖裡，當時，要不是這位年輕人見義勇爲，跳進湖裡把我的女兒救起來，我還眞不敢想像會有什麼樣的下場。眞抱歉，那時候我只顧著我女兒，還沒來得及向你說聲『謝謝』……」

雖然很尷尬，但是年輕人還是抿了抿嘴唇，鼓起勇氣說：「很抱歉，我想您認錯人了，我以前從來沒有見過您，更沒救過您的女兒。」

可是，貝克先生卻絲毫聽不進年輕人的話，仍然很熱情地說：「我不可能認錯人！難道你忘記了？三年前的五月二日，就在黃石公園裡，我沒有弄錯，一定就是你！」

「不，貝克先生，我想您一定是弄錯了。」年輕人很肯定地說：「我沒有救過您的女兒，甚至根本沒有去過黃石公園。」

貝克先生看見年輕人堅定的態度，一時之間愣住了。

只是，他又忽然笑了起來，對年輕人說：「這位先生，我很欣賞你的誠實，歡迎你加入我們公司！」

年輕人順利得到了他夢寐以求的職位。

進入公司以後，有一次，年輕人好奇地問總經理秘書：「救貝克先生女兒的那個年輕人找到沒有？」

總經理秘書一時之間被問得說不出話來，等到反應過來時，立刻大聲笑了出來，回答說：「貝克先生的女兒？你知道嗎？有七名複試者就是因爲他『女兒』而被淘汰了！其實，貝克先生根本沒有女兒。」

當你不知道該用什麼標準去評價別人時，可以想想這個故事。

試問，如果一個人曾經騙過你，之後他說的話，你是否會感到懷疑？如果可以，你會不會刻意和他保持距離？

你敢把重要的事交給他做嗎？

你敢把秘密說給他聽嗎？

伴隨「不誠實」的，往往就是「不信任」。人與人之間一旦缺乏信任，就不可能再有自然而眞誠的互動了。

置身在爾虞我詐的社會，當你不知道該用什麼標準評價別人，而苦惱不已時，只需要去評斷這個人是否誠實。

一個誠實的人，即使能力再差也做不出什麼天大的壞事，但是一個不誠實的人，就算能力再好，也絕對不會誠心誠意地爲你辦事！

# 小心你的優點成為致命的缺點

俗話說，「聰明反被聰明誤」正是這個道理。一個人的長處，通常也會是他的弱點。

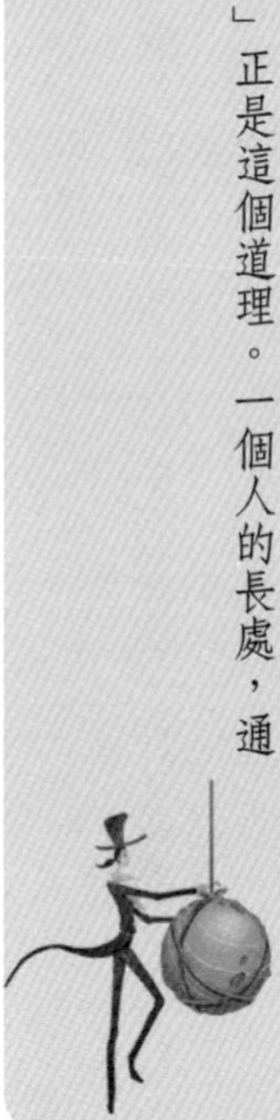

人們經常有的一個錯誤迷思，就是以爲「會傷害自己的，一定自己以外的人」，正因爲抱持著這種想法，事後才會爲了自己的輕忽懊悔不已。

事實上，朋友傷害你，必須要你自己先給他機會；敵人就算傷害你，也終究是有距離、有限度的。眞正能夠徹底摧毀一個人的，往往是那個人本身。

鱷魚是世界上現存最大的爬行動物，性情非常兇猛。一旦發現獵物，牠就會無聲無息地游過去，以迅雷不及掩耳的速度將獵物殺死，動作快得令人難以想像。

鱷魚具有可以潛在水下一小時而不被淹死的本領，有助於遇到體形龐大的獵物時，潛在水底與對手進行較長時間的搏鬥。

當鱷魚咬上獵物時，便會不顧獵物的掙扎，不停地在水裡翻滾。很少動物經得起這樣激烈的翻滾，因此只要翻上幾圈或幾十圈，就算再兇猛的動物，也會被折騰得奄奄一息。

鱷魚就靠著這項絕技，得到了天生獵手的稱號。

但是，這項絕技也是鱷魚的致命缺點。

美國鱷魚專家格林特姆研究鱷魚已經有四十多年的經驗，許多鱷魚的習性都經由他的長期探究而揭露於世人面前。

一天，他發現，有一條鱷魚竟然被湖邊的樹藤勒死了。這個發現引起了格林特姆極大的興趣。

經過一連串仔細推敲，他判斷這隻鱷魚是在捕食一隻鳥時，一口咬到了樹藤，但是鱷魚以爲自己咬到的是鳥，拉扯不動獵物之後，使出了自己的看家本領，不停地在水中翻滾。

只是，牠越是翻滾，長長的樹藤就將牠纏得越緊，最後終於動彈不得，只得束手就擒。

格林特姆根據這個發現，發明了一種捕捉鱷魚的好方法。

他用一根穿著魚鉤的絲線來「釣」鱷魚，一旦鱷魚的表皮不小心被魚鉤勾住，便會根據面對敵人的經驗，使出自己的絕技，不停翻轉。

如此一來，牠整個身體很快就會被絲線纏得死死的。

再加上鱷魚皮是由好幾層纖維組成的，非常紮實，沒有辦法「金蟬脫殼」，只好任由人類利用牠自己的看家本領，輕易地將牠捉拿到手。

動物世界和人類社會每天都上演著優勝劣汰的殘酷競爭。或許，我們無法改變大環境，但至少可以不讓自己的優點變成致命的缺點。

一個人能否創造出一番成就，關鍵往往在於是否懂得用謹慎的態度，面對競爭激烈的人生戰場。

一個人越引以爲傲的長處，通常也會是他致命的弱點。

舉個例子，本領越高強的人，越習慣動不動就施展自己的看家本領。至於他的對手，則未必要具備與他相當的武藝，只需要了解他的習慣與弱點，就等於掌握了他的死穴。

日本知名的「決鬥者」宮本武藏之所以能屢次擊敗強勁的對手，關鍵就在於決鬥之前徹底摸清對手的習慣和弱點。

或許可以這麼說，一個人最大的敵人通常不是別人，而是自己的習慣，格林特姆捕捉鱷魚的方法不正說明了這點？

一個人的本領或許能夠保護他，但是一個人的習慣卻往往足以出賣他，只要習慣被別人掌握就會任人宰割。

# 少一分強迫也許會更添失落

成功無疑只是一連串強迫自己的結果。人在被強迫的狀態下，往往都是痛苦的，但這些痛苦也都是讓人成長的養分。

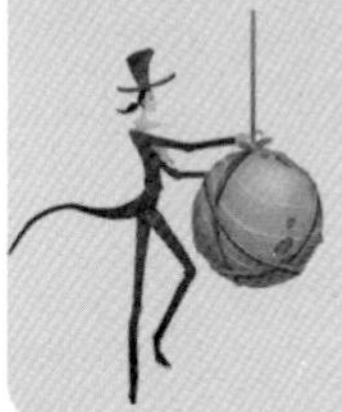

在難關面前，人們往往會產生兩種心態，其中一個是「我做不到」，抱持這樣想法的人永遠不會成功；另一種心態是告訴自己「我再試試看」，有著這想法的人，則往往會創造奇蹟！

其實，難關並不一定如想像中那麼困難，有時只要相信自己就能創造奇蹟，獲得原本認爲不可能得到的勝利。

美國有位知名的大學籃球教練，有一年接手擔任一個連輸了十場比賽的大學球隊教練。

新教練第一天到任，就對所有隊員說：「過去不等於未來，人生沒有失敗，有的只有暫時停止成功。不管過去大家的成績如何，從今天起都是一個全新的開始。」

雖然教練一席話提升了球員的士氣，但是到了第十一場比賽時，該隊再次落後了對手三十分。

中場休息時，每個球員都垂頭喪氣，一副大勢已去的樣子。

教練於是問他們：「你們要放棄嗎？」

球員的嘴巴雖然回答「不要」，可是失意的表情全寫在臉上。

教練看在眼裡，又繼續說：「各位，假如今天是籃球之神麥克．喬丹，遇到連輸十場，在第十一場又落後三十分的情況，喬丹會放棄嗎？」

「不，他不會放棄！」球員異口同聲地回答。

教練再問：「那麼，假如今天是拳王阿里在場上比賽，被打得鼻青臉腫，但是在比賽終了的鈴聲還沒有響起、比賽還沒有結束的情況下，你們認爲拳王阿里會不會選擇放棄？」

「當然不會！」球員們再次大聲地說。

「好，我再請問各位，換做是美國發明大王愛迪生來打籃球，遇到這種狀況，他會不會放棄？」

「不會！」這次球員們地回答更大聲了。

接著，教練繼續問：「那你們認爲米勒會不會放棄呢？」

大夥兒聽到這裡，忽然沉默了下來。隨即有人舉手問道：「米勒是誰？怎麼連聽都沒聽過？」

「是啊，」教練笑了笑，詼諧地說：「你們當然沒有聽過米勒這個名字，因爲米勒以前在比賽的時候選擇了放棄，所以從來就沒有人知道他是誰！」

英國政治家迪斯雷利曾說：「如果不知道自己想要什麼，就不會有機會，只有知道自己想要什麼，知道什麼才適合自己，才會看到機會。」

想要獲得成功，必須懂得激勵自己，繼而發揮自己的優勢，而不是動不動就選擇放棄，只會羨慕別人的成功。如果你不知道自己想要什麼，不知道自定位在哪裡，那麼即使機會從你面前走過，你也不懂得掌握。

自古以來成功靠強迫，成功無疑只是一連串強迫自己的結果。

沮喪的時候，我們強迫自己要振作起來；傷心的時候，我們強迫自己擦乾眼淚；想偷懶的時候，我們強迫自己不准怠惰；面對難題的時候，我們強迫自己多動腦；遇到挫折的時候，我們強迫自己向極限挑戰。

人在被強迫的狀態下，往往都是痛苦的，但這些痛苦也都是讓人成長的養分。

想要成功的人很多，但是真正成功的人並不光只是「想要」成功而已，他們不會光坐著唉聲嘆氣，會動腦想盡辦法「強迫」自己成功，所以他們都做到了自己原本做不到的事！

# 逆境是激發潛能的捷徑

人所面臨的困境，其實都是一種幸運，它們告訴我們當處於順境的時候，應該要步步為營，把握住每一個吸收養分的機會。

人們經常有的一個錯誤迷思，就是認爲「不虞匱乏才是幸福」。

事實上，不知道什麼是「匱乏」，沒有親身經歷過「匱乏」的人，就永遠學不會「珍惜」，也不會成長。

古羅馬思想家塞涅卡曾說：「偉人在困境中得到的歡樂，就如同英勇的士兵從戰鬥勝利中獲得喜悅一樣。」

逆境能夠促進一個人勤勞奮發，能夠使一個人發憤圖強，自力更生，激發出自己尚未開發的潛能。

一家動物園裡，來了一個餵河馬的年輕飼養員。

年輕飼養員第一天到任，老飼養員就再三告誡他說，不要餵河馬過多的食物，不要怕牠餓著，以免牠長不大。

年輕飼養員聽了這話，感到十分不以爲然，心想這是什麼謬論？他們的工作職責，不就是要確保每一隻河馬都能夠吃飽嗎？豈有讓河馬餓著的道理？這分明是老飼養員自己想要偷懶，又擔心被人舉發，所以才編出來唬弄他的。

因此，年輕飼養員決定按照自己的意思行事，只要有空，就會不厭其煩地替他負責的河馬補充食物。他養的河馬每一隻都吃得又飽又胖，遊客們見了，都忍不住讚美一番。

然而，兩個月以後，年輕飼養員發現，他養的河馬眞的沒有長大多少，反倒是老飼養員不怎麼餵的那一群河馬，卻長得飛快。

這究竟是爲什麼呢？可能是因爲河馬本身的體質不同吧。

老飼養員沒有多說什麼，只是跟他交換來養。

不久，老飼養員的那批河馬，又超越了他餵養的那一群。年輕飼養員感到非常疑惑，終於忍不住開口向前輩請教。

這時，老飼養員才向他解釋箇中的玄機：「你餵的那群河馬，因爲不缺食物，所以不把食物當一回事，他們是用嘴巴在吃，而不是用整個身體在吃，當然長不大。反倒是我養的河馬，因爲長期處於食物缺乏的狀態下。因此，只要有吃的，牠們就會十分珍惜，用盡全身的力量去吸收食物中的養分，自然會長得又快又壯。所以說，不給牠們食物不是對牠們殘忍，只是要讓牠們學會珍惜。珍惜不只是一種正常的心理現象，更是一種激發潛力的捷徑。」

法國文豪巴爾札克曾說：「困境是天才的進身之階，信徒的洗腳之水，能人的無價之寶，弱者的無底深淵。」

人生面臨的困境，其實都是種幸運。只要從積極的層面思考就可以發現，逆境是強迫自己成長的途徑，只有逆境才能逼我們多動腦，透過各種嘗試激發自己的潛能；處於順境的時候，應該要步步爲營，把握住每一個吸收養分的機會。

飢餓、貧窮、苦難……都是難得的鍛鍊，比起一輩子都不虞匱乏的人，漸入佳境、先無後有，更是一種得來不易的幸福。

# 在關鍵時刻讓自己更出色

朗費羅曾說：「我們是以自己有能力做什麼事來評斷自己，但別人卻以我們已經做了哪些事來評斷我們。」

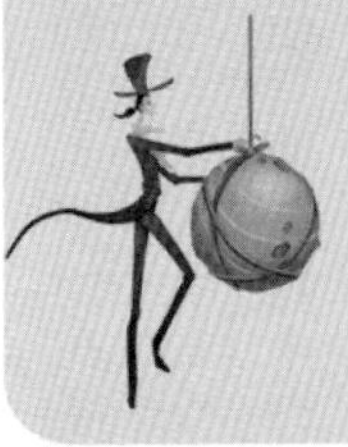

每個人都想要當一個聰明人，卻往往很少人懂得要如何在適當時候，展現自己的聰明才智。

即使孔雀具備色彩斑斕的羽毛，如果不知道該在什麼時候開屏，終其一生，也只是一隻平凡無奇的小鳥。

想要飛上枝頭成爲鳳凰，就要抓緊平步青雲的好時機，在關時刻讓自己表現得更加出色。

威爾遜曾經寫道：「要有自信，然後全力以赴，假如有這種信念，任何事情十之八九都能成功。」

的確，一個人倘使沒有自信的話，人生就索然無味，必須切記，我們的人生，會隨著我們的自信多寡，而具有多少價值。

鐵血宰相俾斯麥在普法戰爭勝利後，頒贈十字勳章給所有有功的戰士。

俾斯麥手持十字勳章，親自爲一名士兵佩戴。佩戴的過程，他隨口問道：「如果你沒有錢，你會認爲一百元比這個勳章重要嗎？」

這名士兵想了想，恭敬地回問道：「長官！據您所知，這枚勳章的價值在哪裡呢？」

「喔！這個……它的價值大概是榮譽吧！不過，這個榮譽只值三塊錢喔！」俾斯麥回答，並幽默一笑。

士兵聽了，不慌不忙地說：「那麼，長官，我想我要這枚勳章和另外的九十七元。」

鐵血宰相一楞，接著哈哈大笑。他十分佩服這名士兵的聰明機智，不由得對他多看了兩眼。

從此，這名士兵的官運也飛黃騰達了起來。

這位士兵在俾斯麥的威儀下，仍毫不畏懼地展現自己的機智，自然引來大家的刮目相看。

許多人「在家一條龍，出外一條蟲」，空有一身武藝，卻總在上台時怯場，以致演出失常，吸引不了伯樂，這怪得了誰？

每個人的一生中都有幾次「關鍵時刻」，你平時累積的才華、技藝都是爲了這些時刻所準備。

眞正能夠技壓群雄的人，不一定具備一百分的實力；他可能只有九十分，卻能適時而充分地展現這九十分，也因而打敗了那些具有一百分實力，卻只表現出八十分的對手們。

美國詩人朗費羅曾說：「我們是以自己有能力做什麼事來評斷自己，但別人卻以我們已經做了哪些事來評斷我們。」

你是個什麼樣的人，最終是別人說了算！你又怎麼能不好好把握每一個表現自己的機會呢？

但丁曾經說過：「能夠使我漂浮於人生的泥沼中，而不致墮落的，是我的自信心。」

其實，人認爲你是那一種人，並不要緊，重要的是你自信自己是那一種人，因爲，衡量自己是否有能力，應在於你的自信心如何？也就是只要你認爲你能夠，你便能夠，你認爲你不能夠，你便不能夠。

# 失敗是為了累積成功的能量

處於逆境時，你更要相信，如果沒有走上這一條崎嶇的道路，也許你永遠無法碰到下一條風光明媚的分岔路。

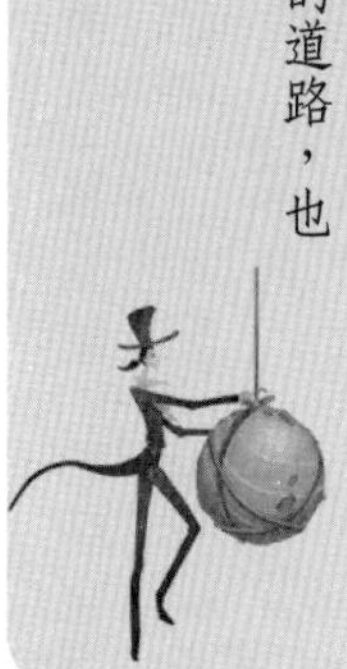

失敗的原因有很多，也許是努力不足，也許是時候未到。不管你是爲什麼原因失敗，都要相信自己的努力總會有開花結果的一天。

如果到現在，你還看不到豐收的時機，也許是因爲上帝對你有其他特別的安排。

有一位商人繼承父業做珠寶生意，可是，他缺乏父親對珠寶業的明察秋毫，才接手沒幾年，就把父親留傳給他的龐大資產全部賠光了。

他認為自己的問題並不是缺乏經商才能，而是珠寶行業的投資太大，技術性太強，風險也太高，因此，決定改行做服飾生意。

他認為，服裝業的週期短，又不需太多專業知識，憑他過人的生意頭腦，肯定能成功。

於是，他變賣了僅有的一些家產，開了一家服飾店。經營了三年以後，他的服飾店再也沒有資金進貨，擺在檯面上的衣服也因為價格不具吸引力而乏人問津。他不得不承認自己再度失敗了。

他意識到自己不適合瞬息萬變的服飾市場，每當他發現一種新款的服裝正流行，正準備撥出資金進貨時，同行們的這種款式已經開始淘汰了，他總是只抓得住流行的尾巴。

一而再的失敗並沒有把他擊倒，他變賣了服飾店，用剩餘不多的資金開了一家小餐廳。

他想，這種簡單的生意，只要僱幾個人做菜，客人吃飯付錢，又不用很大的週轉金，總該不會賠了吧？

可是，事實證明，他又錯了。他眼睜睜地看著相鄰的餐廳高朋滿座，而自己卻是門可羅雀。最後，連僱來的員工也被別家餐廳挖角了，只剩下他獨自一個人收拾殘局。

後來，他又嘗試做了化妝品生意、鐘錶生意、印刷生意，但都有如把鈔票往海裡丟，一件一件地失敗了。

到了這個時候，他已經五十二歲。從父親交給他珠寶生意至今，他奮鬥了二十五年，最後卻一無所有。

灰白的雙鬢更加使他相信，他沒有絲毫經商的才能。

他盤算自己剩餘的財產，所有的錢只夠買一塊離城很遠的墓地。他想：「看樣子，自己是不可能鹹魚翻身了，不如趁早買一塊墓地給自己留著，要是哪一天一命歸西，也算有個地方安息。」

他所買的墓地是一塊極爲偏僻的土地，離城足足有十五公里遠，別說有錢的人，甚至連一些窮人也不願意買這樣的墓地。

但是，奇蹟發生了，就在他買下了這塊墓地後的第十八天，市政府突然公佈了一項建設環城高速公路的計劃，他的這塊墓地恰恰處在高速公路的內側；高速公路計劃使得道路兩旁的土地一夜之間身價暴增，他的這塊墓地更是漲了一百多倍。

他做夢也沒有想到，無心插柳柳成蔭，自己竟靠著這塊墓地發財了。

他驚覺到，自己何不試著做房地產生意呢？於是，他賣了這塊墓地，然後購買了一些他認爲有升值潛力的土地。

五年以後，他成了全城最大的房地產業主。

希臘船王歐納西斯曾經說過這麼一番話：「最黑暗的時候，正是我們必須積極尋找光線的時候。」

在人生的過程中，每個人都難免會遭遇挫折和失意，只要懂得修正錯誤，將失意和挫折轉化成再出發的動力，就可再度擁有一個美麗燦爛的人生。

成功來得永遠不會準時，但也永遠不會太遲。

若不是經歷過層層疊疊的失敗，故事中的這個商人又怎麼會無心插柳而成功致富呢？

因此，處於逆境時，你更要相信，如果沒有走上這一條崎嶇的道路，也許你永遠無法碰到下一條風光明媚的分岔路。

人生的道路是一步又一步走出來的，現在的腳步也許艱辛，但是當你某天回頭一看，會看見這些其實都是引領你走向未來的足跡。

# 充滿自信才能創新

突破傳統的窠臼需要自信和勇氣，更需要高明的創新手法。扭轉既有的事實需要冒險，新大陸往往就是這樣被發現的。

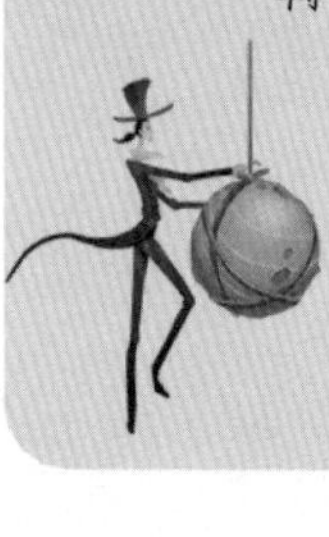

同樣的一種生意，爲什麼人人都賺錢，到了你手上就會賠錢？

經營的手法不同，得到的結果當然也就不同。

眞正具有生意頭腦的人，即使別人前仆後繼地賠本，他也能充滿信心地從中找到新的商機。

在一九八四年以前，奧運會的主辦國幾乎都是「指定」的。對舉辦國而言，能舉辦奧運會，象徵著國家民族的榮譽，也可以乘機提升國家的形象。但是，場地、建築物與周邊設備……等等高經費的投資，往往使政府負擔巨大的財政赤字。

看看那些有過慘痛經驗的國家就不難知道這種情形，一九七六年加拿大主辦蒙特婁奧運會，虧損十億美元；一九八〇年，前蘇聯莫斯科奧運會總支出達九十億美元，具體債務更是一個天文數字。

奧運會幾乎變成爲「國家民族空泛的利益」而舉辦，或爲「政治的需要」而舉辦，賠老本已成了舉辦國不可避免的宿命；他們只能自我安慰，凡事有得必有失，吃虧就是佔便宜嘛！

直到一九八四年洛杉磯奧運會，美國商界奇才尤伯羅斯接手主辦，才運用他過人的創新思維，改寫了奧運的經濟史。

鑑於以往其他國家舉辦奧運的虧損情況，洛杉磯政府在得到主辦權後即做出一項史無前例的決議：第二十三屆奧運會將不動用任何公用基金。自此開創了由民間機構主辦奧運會的先河。

尤伯羅斯接手奧運之後，發現主委會竟然連一家小公司都不如；沒有秘書、沒有電話、沒有辦公室，甚至連一個帳號都沒有。

一切都得從零開始，尤伯羅斯決定破釜沉舟，把自己旅遊公司的股分賣掉，所得的資金用來招募員工，把奧運會商業化，進行市場式的運作。

尤伯羅斯的第一步，是開源節流。他認爲，自從一九三二年的奧運會以來，規模浩大、場面虛浮、造勢奢華和開銷浪費都成爲一種慣例，因此，他決定想盡辦法來節省不必要的開支。

首先，他本人以身作則不領薪水，在這種精神感召下，有數萬名員工都願意當義工，國家榮譽就是他們最好的報酬。

其次，尤伯羅斯決定沿用洛杉磯現成的體育場，借用當地的三所大學宿舍作爲選手村。光是這項決議就節省數十億美金，尤伯羅斯創新思維的功力、膽識實在不容小覷。

第二步，尤伯羅斯把腦筋用在聲勢浩大的「聖火傳遞」活動上。

奧運聖火在希臘點燃後，將在美國舉行橫貫本土的一．五萬公里巡迴接力跑。尤伯羅斯想出一個相當獨特的捐款辦法：只要肯出錢，就可以舉著火炬跑上一程。

尤伯羅斯實際上是在販賣百年奧運的歷史、榮譽等巨大的無形資產。結果聖火傳遞權以每公里三千美元出售，一．五萬公里共售得四千五百萬美元。到這個時候，衆人才意識到，原來奧運也可以是一棵搖錢樹。

第三步，尤伯羅斯出人意料地向廠商提出，贊助的金額不得低於五百萬美元，而且強調，奧運會所有場地範圍，包括空中在內，都不准非贊助廠商做商業廣告。

這些苛刻的條件使來自世界各地贊助商的熱情不降反升，一家家知名公司急於加入贊助行列，爲了競標，有的廠商甚至還沒弄清楚本身所贊助的室內賽車比賽程序如何，就匆匆簽字。尤伯羅斯最後從一百五十家贊助商中選定三十家，此舉共籌得一億多美元。

尤伯羅斯並採取獨家轉播的方式，讓美國三大電視網你爭我奪、一較高下，結果，美國廣播公司以二．二五億美元奪得電視轉播權。

尤伯羅斯又首次打破奧運會廣播電台免費轉播比賽的慣例，以七千萬美元把廣播轉播權賣給歐洲、澳大利亞的廣播公司。

另外，尤伯羅斯以高價出售門票，並以該屆奧運會吉祥物山姆鷹爲主，設計了相關紀念品推廣到世界各地。

在短短的十幾天內，第二十三屆奧運會扣除總支出，所得的淨利是二·五億美元，比原來的計劃還多了十倍。

尤伯羅斯本人也得到四十七萬美元的紅利。在閉幕式上，國際奧委會主席薩馬蘭奇向尤伯羅斯頒發了一枚特別的金牌，媒體稱這面金牌爲「本屆奧運最大的一枚金牌」。

俄國作家契訶夫曾經寫道：「你知道才能是什麼意思嗎？那就是勇敢、開闊的思想，以及遠大的眼光。」

不具備開闊的思想及遠大的眼光的人，即使開創出再怎麼偉大的事業，也只不過是一時的僥倖，所能維持的也僅僅是短暫的瞬間。

唯有具備不怕失敗的勇氣與鬥志，凡事從各個角度思索，才可能打造最成功的人生版圖；一個不敢迎接生命中的各種挑戰，不敢大膽設想的人，成功之路終將是遙遙無期的。

在現在人的觀念看來，舉辦奧運能賺大錢已經是眾所皆知的事，但是在當時卻是前所未有的創舉。

尤伯羅斯的成功例子，說明了突破傳統的窠臼需要自信和勇氣，更需要一些高明的創新手法。

扭轉既有的事實需要冒險，但是，新大陸往往就是這樣被發現的。

# PART 5

# 不要讓失敗成為阻礙

好好學習「失敗」這一課，

失敗固然阻礙了出路，

但也隱約暗示我們應該要轉彎。

失敗不光只是一項考驗，更是一個啟示。

# 發揮創意便會湧現商機

看起來似乎不起眼的東西，也會帶來商機。生活中處處充滿商機，只要仔細留意，一定會有發現。

準確地抓住時代的潮流與需求，知道顧客要什麼，就擁有商機。一個商品的賣點除了本身的價值，更在於它在社會上的價值，誰能最先發現並且把握它，誰就是贏家。

人的一生中，有許許多多機會在等待著我們，不論是大是小，我們都要謹慎地面對。或許今天錯過了，還會有其他的機會，但是如果我們一直沒有去察覺機會的本質與內涵，並加以運用，那麼即使機會抓在手中，也無法好好將它發揮。

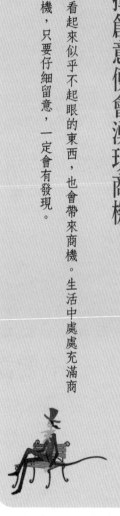

冰淇淋剛出現時，只能盛在盤子上吃，並不像現在有各式各樣的吃法。

一九四〇年的夏天，世界博覽會在美國的一個城市舉辦，短時間內，大批的觀光人潮湧入主辦城市，將會場擠得水洩不通。

哈姆威廉當時是個糕點小販，在主辦單位允許下，在會場外出售甜脆薄餅，隔鄰攤位則是一個冰淇淋小販。由於天氣炎熱，購買冰淇淋的客人也特別多，但是盛裝冰淇淋的小碟子不夠用，所以很多客人得排隊等其他人吃完，退回碟子，才能再盛上冰淇淋，趕緊吃上一口消暑解熱。

哈姆威廉看到這種情況，突然靈機一動，心想可以把自己的薄餅捲成一個小圓錐形，再將「錐子」倒過來，用來代替碟子裝冰淇淋，而且薄餅還可以當點心吃。當他一提出這個建議，很多顧客便群起效尤，並且吃得津津有味，後來所有客人都指名要用薄餅代替碟子裝冰淇淋。這種新奇的吃法，吸引了更多人前來品嚐，兩家攤子的生意因此絡繹不絕。

後來，甜脆薄餅經過多次改良，就成爲我們現在常見的甜筒。

相同的創意發想，也發生在格林伍德身上。

格林伍德十五歲那年收到一份特別的聖誕禮物——一雙冰鞋。他從小就渴望有一天能在冰上滑冰，如今這個願望終於實現了。

格林伍德來到離家很遠的小河上，穿上滑冰鞋溜了起來，當時河水早已凍成厚厚的冰層，由於天氣太冷，溫度又不斷下降，風吹過耳朵，就像刀割般疼痛。他溜了一會兒，再也忍不住，就戴上罩住整個頭的皮帽子。

可是，這帽子把他的頭包得緊緊實實，不留一絲空隙，時間一長，汗水全悶在裡面，讓他覺得很不舒服。

伍德心想，要是有一個專門遮住耳朵的套子，一定會更舒適。回到家，他和媽媽討論過後，媽媽就按照他述說的形狀縫製一雙棉耳套。

格林伍德戴上棉耳套再度溜冰時，果然起了保暖的作用，很多人看見了，紛紛上前詢問，也希望能擁有一雙耳套。

後來經過多次改良，耳套做得更加舒適、美觀且實用，於是他們向美國專利局申請了專利權，稱它爲「綠林好漢式耳套」。

美國作家庫爾特．馮尼古特在《第五號屠宰場》裡寫道：「生活是美好的，每個人都有過相當多機會，無論你是否利用過。」

不管是甜筒或耳套，這些看起來似乎不起眼的東西，也會帶來商機，甚至擁有智慧財產權，可見創意的背後利潤相當龐大。

生活中處處充滿商機，只要仔細留意，一定會有發現。

無論古今中外，成功的人通常具備一種特質，那就是「精益求精」。只要對自己的工作投入、充滿熱忱，我們就會從過程中發現問題，並且設法處理。把這樣的精神運用在生活中，成功的機會自然也比別人多。

把握機會，善用機遇，別讓它從你手中悄悄溜掉。

## 相信自己，未來就在你手中

回歸到最原始、最純淨、自然的心靈領域，就能聽見內心最深處的聲音。只要我們願意，隨時都可以達到這樣的境界。

電影人人愛看，然而若是在心靈中放映的「電影」呢？你是否會感到疑惑、害怕，甚至想逃避，不敢面對？

有人說，夢境反應著現實生活，夢中的景色、情節、人物等等，都和日常的生活經驗息息相關，只要我們正視它，就能發現其中的相關與奧妙。

但夢境畢竟是虛幻的，因此許多人選擇一笑置之。可是，內心的聲音，潛意識中出現的直覺呢？

人往往相信看得見的具像事物，卻不願意聆聽心靈給予我們的訊息。

我們的直覺有些是來自於本身的知識判斷，但是因爲我們對自己沒信心，而忽略了這個無窮的力量。殊不知，那些奇蹟都因爲直覺加上信心，才能創造出前所未有的局面。

康拉薩·希爾頓曾是一名飯店經理，後來建立了聞名國際的希爾頓帝國。他認爲自己能擁有如此的成績，是因爲相信直覺，相信自己擁有靈活且敏感的預知能力。

就像某次，他打算買下一間芝加哥的老旅館來改裝經營，拍賣會決定由出價最高的人得標，而投標的數字將在開標當天公布。

開標的前幾天，希爾頓設定了一個數目，十六萬五千美元。但就在投標的前一天晚上，他在睡夢中感到一陣心煩，似乎有什麼事不對勁，強烈的感覺到這次的投標會失敗。

再三考慮後，希爾頓決定再將價錢提升到十八萬美元。

開標後，希爾頓果然順利得標，而且比第二名投標者的十七萬九千八百美元只多出兩百美元。

大家都覺得希爾頓眞是太幸運了，然而他本人卻認爲，這全是因爲聽從內心的聲音。

由於預感總是在關鍵時刻提醒了他，因此希爾頓相當重視心靈深處的探索。

從年輕時，在德克薩斯州買下第一間旅館開始，他就不停地收集相關知識，雖然他並未仔細地研究、整理這些資料，但是這些知識一直潛藏在他的腦海裡，並整合成一個巨大且隱密的資料庫。每一次的決定，希爾頓都會聽從大腦告訴他的指令，當他覺得哪裡有問題時，便會靜下心來，聽聽內心的聲音，這些聲音也從沒有辜負他的期待。

希爾頓的直覺並非僥倖的碰運氣，他曾花過一翻苦心收集相關資訊，大腦也會在適當的時候提供他意見，提醒他該注意的地方。這樣的能力人人都有，可是能充分運用的卻沒幾個。

每一個人都是不平凡的，不過大多數人卻不明瞭自己的能力，庸庸碌碌過一輩子。根據統計，人的一生到臨終之前，只運用了百分之三至四的腦力，因爲缺乏對遠景、對心靈的再開發，所以沒有傲人的成就。

現代許多熱門的禪修課程主張的就是回歸到最原始、最純淨、最自然的心靈領域，如此才能聽見內心最深處的聲音。

只要我們願意，隨時都可以訓練自己達到這樣的境界，留意每一個來自心裡的感覺，面對它，重視它，更重要的是，要相信成功和信心是一體兩面。

# 讀懂人心是成就事業的第一步

若是光從自己的角度思考，而不站在客戶的立場考慮，那麼將不會得到對方的信任，更無法成功。

任何工作，只要和販賣商品扯上關係，不管是實質的貨物，或者抽象的知識，都少不了「攻心」之計，廣告的氾濫，就是最好的見證。

在公司所有的部門中，業務部門的辛酸大概是數一數二的。要如何讓別人心甘情願掏出錢來購買自己的商品，實在是一大學問。他們常常得低聲下氣看人臉色，有時還要裝出一副可憐樣博取同情，當然不乏有更惡劣的恐嚇、暴力手段，但是不管是哪一種，都非長久之計。

范伯先生是電力公司的員工，有一次在賓夕法尼亞進行業務考察，發現當地用電的人數不多，不禁好奇地問區代表爲什麼會有這樣的情況發生呢？

「他們全是一群守財奴，而且無法接受新的事物。」區代表以厭煩的語氣回答：「你不可能讓他們花錢買下任何東西，相信我，我已經試過很多次了。」

范伯先生聽完後並沒有因此感到灰心，當他經過一家整齊的農舍時，決定要上前推薦用電的好處，這時區代表在旁好心的提醒：「你確定要這樣做？他們對電力公司沒什麼好感喔！」

一陣敲門聲過後，農舍的主人羅根夫人將門打開了一小條縫隙，卻沒有邀請他們進去的意思。當她一聽對方來自電力公司，便當著他們的面將門「碰」一聲地關上。

范伯先生不放棄，再度敲門，過了許久，羅根夫人再次打開門來，她這一次嚴肅地告訴范伯先生：「不用說了，我絕對不會買你們的電！」

「我發現妳養的是一群很棒的都敏克雞。」范伯先生沒有提及有關電力的事，本來想關門的羅根夫人聽到這句話愣了一下。

「我從未見過比牠們更好的雞，我想買一籃雞蛋。」范伯繼續說著。

羅根夫人驕傲地走出門來，態度也溫和了許多：「當然囉！這些雞都是我親手養大的，牠們是最好的。」

接著羅根夫人帶著大家去參觀她的雞舍，並一一做介紹。范伯先生發現旁邊還有一個牛棚，就對羅根夫人說：「我敢打賭，妳一定可以用妳的雞賺錢，甚至賺得比你先生的牛還要多。」羅根夫人高興地點了點頭，不過她告訴范伯先生，自己的丈夫並不承認這一點。

之後范伯先生告訴羅根夫人在雞舍裝電的好處，介紹了幾種飼料及溫度調節後可以增加雞蛋產量的例子。

在兩人開心的討論下，兩個禮拜後，羅根夫人的雞舍裝上了電燈，而雞群也不負眾望產下更多的雞蛋，鄰居們見了，也跟著裝上電燈。

就這樣，不僅羅根夫人的訂單增加，范伯先生也得到更多的顧客。

做生意最重要的一點並不是商品的優劣，而是必須給予消費者好感。只要是想做生意賺錢，就不能少了關懷和幫助別人的心。先了解別人的需求，再對症下藥給予建議，自然而然可以卸下對方的心防，完成交易。

范伯先生並沒有開門見山推銷商品，也沒有批評對方是守財奴、食古不化、不肯接受新知，他的方式是認同對方的成績，讚美他的優點並給予鼓勵。只要讓人感受到，你是出自眞心的關懷，對方的態度就有軟化的空間。

當然，還有另一類賺錢的方法，那就是施以小利。就像直銷盛行的現代，明明知道這一行必定要看人臉色，可是還是有許多人一窩蜂地往裡面跳，因爲它標榜的是「消費者也能當老闆，邊使用邊賺錢」。

抓住人性，才是成功之道。若是光從自己的角度思考，而不站在客戶的立場考慮，不僅不會得到對方的信任，更無法得到成功。

# 停下腳步，就會退步

成功的人永遠都要求自己還要再更好一點，所以成功了！至於失敗的人只做到了六十分，就以為自己已經達到滿分。

當你覺得自己功成名就時，其實正在慢慢退步當中。

眞正成功的人，從來不會覺得自己已經夠成功或是夠努力，因爲他們永遠都還想要做到更好。

當你想找出自己的成功密碼時，可以想想你是不是下定決心要實踐了？

中國舞蹈界有位青年才俊，二十五歲就身兼舞者、舞蹈老師、上海歌舞團藝術總監等職。

多年以來，他每天早上七點鐘就起床跑步、練舞，從來沒有一天間斷。就客觀的條件而言，他個子不高、腿也不長，並不是一個「天生的」舞蹈家，然而，最後他卻出人意表地成爲「中國第一民族舞蹈家」，並且是許多人心目中的「舞蹈王子」。

他說，他永遠都在和自己競爭，永遠停不下來。因爲，如果有一天他停了下來，就會發胖，就會退步，所以，他必須一直前進，保持飛翔的感覺。

他知道，舞蹈界比其他行業都還來得現實，不能有一次失敗。失敗意味著告別舞台、告別青春，失敗的人，很難有機會再站在舞台的中心。

他還說，他的成功秘訣其實和一般人都一樣，就是「一分的天賦再加上九十九分的努力」，只是，他的身邊從來沒有人做到過，但他做到了。

他認爲，最令他感到自豪的，其實不是他的成就，而是他徹底實踐了這項人人皆知的成功公式。

大多數人的失敗都有一個共同的原因，就是還不夠努力。

但是，大多數人之所以不夠努力，也有一個共同的原因，那就是認爲自己已經很努力了。

然而，努力是永遠沒有盡頭的，成功的人永遠都要求自己還要再更好一點，即使已經一百分了，還會挑戰一百零一分，所以他們成功了！至於失敗的人只做到了六十分，就以爲自己已經達到滿分。

停下腳步就會退步，當你想找出自己的成功密碼時，請記得，找出密碼並不難，問題是，你眞正做到了沒？

# 不要讓失敗成為阻礙

好好學習「失敗」這一課，失敗固然阻礙了出路，但也隱約暗示我們應該要轉彎。失敗不光只是一項考驗，更是一個啟示。

美國作家威特勒在《成功的關鍵態度》中告訴我們：「生活中的那些逆境和失敗，如果我們把它們視為正常的反饋來看待，就會幫我們增強免疫力，防禦那些有害的反應。」

人都會遭遇失敗，也會因爲失敗而苦惱不已。失敗雖然令人付出慘痛的代價，但是在這些代價之中，也不乏有令人成長的智慧。只要願意動腦檢討失敗的原因，那麼失敗將會是成功的開始。

當你屢戰屢敗的時候，不妨想想這個故事。

有位美國電影製片人，年紀輕輕就晉升爲好萊塢二十世紀福斯公司的高階主管。然而，因爲他建議拍攝的〈埃及豔后〉票房奇差，加上公司大幅裁員，所以首當其衝，很快就丟了飯碗。

接著，他去到紐約，在新美利堅文庫擔任編輯部副總裁，但是由於和公司董事意見不合，又再次慘遭開除。

於是，他又回到二十世紀福斯公司，這一次，他在公司裡整整待了六年，不過，董事會不喜歡他建議拍攝的幾部影片，所以又一次被炒魷魚。

經過一連串失敗的打擊，他開始靜下心來檢討自己的工作態度。他把自己的行事風格歸納爲：敢言、肯冒險、相信自己的直覺。他非常痛恨「委員會」這種以非專業人士指揮專業人士的管理方式，也不喜歡大企業的保守作風。

他發現自己不適合在大機構裡頭生存，但是卻具備了當老闆的特質。

最後，他決定放手一搏，自籌資金、自立門戶，後來成功推出了〈大白鯊〉、〈裁決〉、〈天繭〉……等多部膾炙人口的影片，在美國電影製片業中打下了一片江山。

當記者採訪他的成功秘訣時，他回答說：「我是一位失敗的公司行政人員，卻是一個成功的企業家。早年的失敗，只不過是因爲我沒有將自己擺對位置，所以無法充分發揮自己的潛力，後來我之所以成功，正是因爲我懂得檢討自己爲什麼失敗。」

樂聖貝多芬曾經說過：「卓越的人的一大優點就是，在不利與艱難的遭遇裡，他們往往表現得百折不撓。」

很多人把自己的失敗歸咎於「運氣」、「時機」，甚至是「別人」，這些只會怨東怨西卻不願動腦省視自己的人，正剝奪了自己成長的機會，同時也抹煞了自己未來成功的可能性。

因此，我們應該好好學習「失敗」這一課，失敗固然阻礙了出路，但也隱約暗示我們應該要轉彎。只要懂得汲取失敗的教訓，便能在一次次的轉彎當中，找出成功的方向。

失敗不光只是一項考驗，更是一項通往成功的啓示。

當你屢戰屢敗的時候，請記得：下次再戰之前，先檢討你的失敗！

# 讓習慣成為助力而不是阻力

一個能夠改掉壞習慣、養成好習慣的人，一定是個有毅力的人，這份毅力，將會在奮鬥的過程中，助你一臂之力。

有句話說：「一個人的習慣有多好，他的人生就會有多好。」相反的，若是一個人有太多壞習慣，人生必定也充滿荊棘坎坷。

命好不如習慣好，習慣是決定成敗的關鍵。

當你想改變你的人生時，不妨先想想該怎麼改變自己的習慣。

約翰是大亨身邊的心腹重臣，若要說到拍馬屁，誰都不是他的對手！

每當大亨當眾發言時，他就會在一旁使勁的鼓掌喝彩，久而久之，大亨不管去到哪裡，都習慣帶著他這台「自動拍手機」，就連出門旅遊時，也把約翰當成必備「行李」之一。

有一次，大亨和約翰一同乘坐私人直昇機出外旅行時，飛機突然發生故障，需要緊急跳傘逃生。

然而，客艙裡的降落傘只有一個，也就是說，能夠保住性命的，只有先搶到降落傘的那一個人。

大亨二話不說，一把搶走降落傘，轉身就朝窗外跳下去。

沒想到約翰一向反應過人，趁著大亨跳傘的瞬間，抱住了大亨的腿，也一塊兒隨大亨跳了下去。

只是，降落傘原本的設計只能承載一個人的重量，現在突然增加了一個人，怎麼承載得起呢？

只聽見「啪啪」兩聲，降落傘的傘繩接二連三斷裂。

大亨嚇得臉色蒼白，大聲命令約翰放手。但是，不管他開出多麼優渥的條件威逼利誘，約翰都緊緊黏著他不放。

就在這個時候，大亨突然急中生智，清了清嗓子，以沉穩的聲音開始發表演說：「各位先生女士……」

此話一出，約翰就像聽到指令似的，立刻爲主人拍手鼓掌喝彩。他這一拍手，整個身體就直直向下墜去。

好不容易甩掉麻煩的大亨看了，鬆了一口氣，慶幸地說：「幸虧他有這個習慣，要不然我還不知道要怎麼讓他鬆手呢！」

俄國教育學家烏申斯基曾經這麼說：「良好的習慣乃是人在神經系統中存在的道德資本，這個資本將會不斷的增值，而人在一生當中，都享受著它衍生出來的利息。」

明智的人會隨時檢視自己是否養成某些壞習慣，然後立即加以改變，不讓這些壞習慣支配自己。

當你想改變你的人生時，應該要先改變你的習慣。仔細想想看，你身上有多少壞習慣正阻礙著你的進步？再仔細想想，那些成功的人身上，又有多少好習慣是你缺乏的？

一個能夠改掉壞習慣、養成好習慣的人，一定是個有毅力的人，這份毅力，將會在奮鬥的過程中，助你一臂之力。

# 目光短淺，自然不會有錢

窮人和富人最大的差別，就是在於窮人只想到眼前的溫飽，而富人卻不斷地思索未來。

投資專家曾經做過一項計算，推論出每個人只要每個月存五千塊，連續存個三十年，在正常的投資報酬率下，就可以成爲千萬富翁。

每個月存五千塊，對大多數一般薪水階級來說可能不是很容易。然而，在我們的生活周遭，有人勒緊褲帶也要存錢，有人卻情願把這些錢用來享樂，所以最後的結果是，有人富、有人窮。

當你埋怨自己命不如人時，可以想想造成自己貧窮的原因到底是什麼。

有個富人遇到了一個窮人，覺得對方十分可憐，想要幫助他脫離貧窮。

富人送給窮人一頭牛，囑咐他要好好開墾家門口的那一片荒地。只要春天撒下種子，到了秋天，就可以收穫作物，脫離貧窮。

窮人聽了，滿懷希望地開始奮鬥。

只是沒幾天，他就發現自己的日子過得比從前還要艱困，從前只有自己的食物問題要解決，現在還多了一頭牛要養，日子簡直不是人過的！

於是他想，不如把牛賣了，換成幾頭羊，先殺一頭羊來吃，剩下的可以留下來生小羊，小羊長大了以後可以賣更多的錢。

窮人按照自己的計劃去做，只是，吃了一頭羊之後，小羊卻遲遲沒有生下來。人要吃飯，羊也要吃飯，日子又開始難過了，窮人又忍不住再殺了一頭羊來吃，剩下來的羊越來越少。

於是他心裡想，這樣下去怎麼得了，不如乾脆把羊賣了，換幾隻雞回來，雞生蛋的速度比較快一點，等賣了雞蛋以後，日子就會好過了。

然而，換了雞回來以後，日子並沒有改變，窮人又忍不住殺雞來吃，一直到只剩下最後一隻雞的時候，窮人知道，自己再也不會賺大錢了。

於是他想，反正致富已經無望了，倒不如把雞賣了，換壺酒回來，一醉解千愁，不是很好嗎？

春天到了，富人興致勃勃地送來種子，想要在窮人翻好的土地上播種。

只是，他來到窮人家裡，卻發現牛不見了，地也沒有開墾。只看到窮人醉醺醺倒臥在地上，依然一貧如洗。

富人失望地轉身走了，窮人依然還是一樣貧窮。

如果窮人能好好保住那一頭牛，一直開墾荒地到春天，或許他便不會再窮下去。就算把牛換成羊，把羊換成雞，只要能徹底執行自己的想法，也可能擺脫窮苦的日子。

然而，窮人卻空有想法而沒有做法，欠缺應有的執行力，所以他的未來依然會很難過。

是的，窮人和富人最大的差別，就是在於窮人只想到眼前的溫飽，而富人卻不斷地思索未來。

不要以爲富人有什麼天大的本領，他們只是比一般人更早一步想到未來，比一般人更有執行力而已。當你埋怨自己命不如人時，更大的可能，是你根本沒有把眼光放遠一點，既沒有想法，也沒有做法。

# 想投機取巧，得先動動腦

還沒有搞懂規則的由來之前，憑什麼挑戰規則？偷工減料只會讓你因小失大，自作聰明的人，往往沒有自己以為的那麼聰明。

當你想踰越某些既定的規則時，請先學習尊重規則，以及訂下規則的那個人，先動腦思索其中的緣由，或是請教訂規則的人爲什麼一定要這樣。千萬不要自以爲是，還沒搞清楚狀況就急著投機取巧，還以爲自己的做法最聰明。

當你想踰越某些既定的規則時，可以想想下面這個故事。

有位在日本留學的中國學生，利用課餘時間到日本餐館洗盤子賺取學費。

這家日本餐廳有個規定，就是每個盤子都必須用水洗上七遍，洗盤子的工作按件計酬，洗得越多賺得越多。

這位中國學生爲了賺取更多的酬勞，想出了一個方法，只要每個盤子少洗兩遍，就可以在同樣的時間裡多洗好幾個盤子。

結果，他成了全餐館工資最高的洗碗工。

和他一起洗盤子的日本學生非常羨慕他，便向他請教洗盤子的技巧。

中國學生毫不避諱地說：「你看，洗了七遍的盤子和洗了五遍的盤子有什麼區別？所以，只要少洗個兩遍，不就可以多洗好幾個盤子了嗎？」

日本學生聽了，流露出尷尬的表情，雖然當下沒有多說些什麼，但是卻漸漸和這名中國學生疏遠了。

一天，餐館老闆突如其來地抽查餐館碗盤的清潔度。

他用專用的試紙測試每個碗盤，發現中國學生洗的盤子並不合標準。

當他質問這位中國學生時，這位學生卻振振有詞地說：「洗五遍和洗七遍有什麼差別？洗出來的盤子不都一樣乾淨嗎？」

老闆聽了這番質問，並沒有發怒，只是淡淡地對他說道：「你是不誠實的人，請立刻離開。」

中國學生丟了這份賴以維生的工作，只好到另外一家餐館應徵工作。

沒想到，他才剛走進餐館，就被餐館老闆拒絕：「你就是那位只洗五遍盤子的中國學生吧？對不起，我們不能用你！」

接著，第二家、第三家……都是一樣的狀況。

不僅如此，他的房東不久之後也要求他退房，原因是因爲他的「名聲」已經影響到了其他同是留學生的住戶。

後來，他就讀的學校也專門找他談話，希望他能轉到其他學校去，因爲他影響了別人對這間學校的觀感。

中國學生別無他法，只好收拾行李搬到了另一座城市，一切重新開始。

每當他遇到其他剛來到日本的中國留學生，總是痛心疾首地叮嚀他們說：「記住，在日本洗盤子，一定要洗七遍呀！」

所有規則之所以還沒有被打破，一定有它的道理，想要減少工作流程之前，一定要仔細想想，否則帶給自己的將會是一連串的苦惱。

比如說，日本餐館爲什麼規定盤子要洗七遍，而不是洗六遍、八遍？正因爲他們做過研究，發現洗七遍的盤子最乾淨，洗六遍還不乾淨，而洗八遍卻會浪費水！

還沒有搞懂規則的由來之前，憑什麼挑戰規則？偷工減料只會讓你因小失大，自作聰明的人，往往沒有自己以爲的那麼聰明。

# PART 6

# 態度決定一個人的高度

要擁有正確的工作態度並不難，

只須多動腦想一想，

要求別人少一點，要求自己多一點，

並努力把每一件事都做到最好。

# 出牌不按牌理，掌握瞬間出現的契機

當一條路行不通時，要懂得轉彎，讓自己適應各種形勢和變化，
有了機會時，再適度表現自己。

當你想要奮力往上跳時，第一個動作是不是先蹲下身呢？

成就大事業的人，並非都能一帆風順，在時機未到之前，常會有一段低頭時期，必須以退爲進，在暫時的「屈」中等待將來的「伸」。忍辱負重可說是考驗一個人是否能擔當重任的重要方法。

以退爲進，有時候也是一種攻擊謀略，一種誘敵之計。先讓對方以爲有利可乘，引蛇出洞後，才展開眞正的追擊。若換個說法，就是引起對方的注意，讓原

本不感興趣的人浮現好奇心，有進一步探個究竟的動力。

法國十四世紀作家愛彌爾．左拉出生於巴黎，七歲時父親罹患肺炎過世後，便和母親從此過著飢寒交迫的生活。

左拉十九歲時，因爲家境貧寒的關係，不得不中斷學業。之後的幾年，他到處賺錢，甚至曾在海關旁的旅社打工，但是都持續不久，爲了生活也常典當身上的衣物，以維持家計。不過，喜歡文學的他，不論在多麼艱苦的環境下，都從未放棄寫作的興趣，利用有限的時間寫了很多作品，有短詩也有小說。

二十二歲那年，左拉進入一家出版社當小職員，在發行部門做打包的工作。兩年後，他將自己寫的一些小故事收集起來，帶著那疊書稿，開始向出版商「推銷」自己的作品。他前後拜訪了三家出版社，始終沒有人願意給他機會，讀讀他的作品，可是左拉並沒有放棄。

這一天，當他走到出版商拉克魯瓦的辦公室之時，忽然靈機一動，想著自己必須改變「推銷」作品的方法，一方面增加被錄用的機會，另一方面也可以維持自己的自尊。

於是，「碰」的一聲，他用力打開辦公室的門，直直地闖了進去。

拉克魯瓦看著眼前這個冒失的年輕小伙子，不解地問他前來的目的。

「已經有三家出版社拒絕這部作品了。」左拉一開口就這麼說。

拉克魯瓦愣住了，他看著左拉手上捧著那一疊書稿，心裡想著：「從來沒有一個作家會對出版商說自己的作品不受歡迎，這樣做，誰還敢替他出書呢？」拉克魯瓦對於左拉如此坦率的行爲大感興趣，盯著他直瞧，想看看左拉到底打算說些什麼。

「我有才華。」左拉不等拉克魯瓦開口，就馬上接了一句。

由於左拉的直率，拉克魯瓦決定給他一個機會，仔細看看他寫得如何。不久之後，他就跟左拉簽約了；這部作品，就是左拉的處女作《給妮依的故事》。

讓面試官留下好印象，往往是每個求職者必備的條件，因此，適度的包裝自己是不可缺少的。然而擁有決定權的上位者，早已閱人無數，什麼樣厲害的角色都瞧過，更何況是剛出社會的毛頭小伙子？

我們自我推薦，述說自己多麼有才能，總期望能達到加分效果，但看在主管眼裡，還是有很大的空間需要磨練。此外，眾多競爭者個個力求表現，想讓主管留下多一點的印象，有時候要懂得反其道而行。這並非要我們奇裝異服，言行放蕩，而是要能換個方法前進。

對拉克魯瓦這個經驗老到的出版商而言，聽過太多過度膨脹的虛華言詞，卻很少有人在推薦自己時，說出不利於己的話來。拉克魯瓦願意給佐拉機會，除了受到他直率個性吸引之外，還包含了極大的好奇成分。

因此，當一條路行不通時，要懂得轉彎，讓自己適應各種形勢和變化。當然，也別忘了順水推舟，有了機會，更要懂得適度地表現自己。

# 用好奇心創造生活奇蹟

我們對事情的處理方式大都維持在能過就好，即使對某方面滿是疑問，也不會有仔細的探究。

美國企業家薩姆．沃爾頓談及自己的成功法則之時，曾經說過：「不要理睬世襲的聰明，當大家按同一個固定模式行事時，你不妨獨闢蹊徑，按另一種不同模式去做，這樣才可能獲得成功。」

確實如此，想要獲得成功，就要充滿好奇心，不要人云亦云。

假期裡，許多強檔好戲接連上映，在冷氣房中享受聲光效果，讓感官與心智沉浸於精彩絕倫的電影之時，不免要慶幸自己生在這個進步的時代。

但若要眞正的飲水思源，感謝讓我們享受電影的那個人，可能要說到一位賽馬迷——邁布里奇。

邁布里奇是一位英國攝影師，最喜歡的活動是賽馬。一八七二年的某個下午，他和朋友因爲「當馬兒全速奔跑時，四個蹄是否完全離地」這個問題各執一詞，在賽馬場上爭論得面紅耳赤，誰也不肯讓誰。

後來，他們想出一個辦法來判斷誰對誰錯，只見兩人在賽馬場上架設了二十四台照相機，每台相機的快門都用一條線連著，再將線拉到馬奔跑的路徑上，當馬將線扯斷時，快門也會自動按下。就這樣，用相機仔仔細細拍攝下一段段馬兒奔跑的過程。

根據拍下的相片，他們終於得出一個確實的結論，那就是，當馬全速奔跑時，四蹄的確是離地的。

只是，賽馬跟電影有什麼關係呢？當然，如果只有這些佐證用的相片，日後是不可能有電影出現的。

其實，得到答案的兩個人並沒有因此而感到滿足，他們接著將拍下來的照片，以等距離的方式鑲在圓盤上，當轉動圓盤時，他們驚奇地發現，馬眞的「奔跑」了起來。

這個發現傳到了偉大發明家愛迪生的耳中，引起了他的高度興趣，經過不斷地研究與嘗試，具有劃時代意義的電影放映機終於問世了！

所謂抽絲剝繭，順著一條線索不斷尋找，便會有驚人的發現，如果淺嘗即止，就沒有今天電影的誕生。

當我們快樂地看著電影，屏息等待名偵探科南一層層解開謎題，揭開眞相時，心中充滿著無限的刺激感，等到答案公佈時，那種放下懸著一顆心的快感是難以言喻的。

但是，日常生活中，我們對事情的處理方式大都維持在能過就好，即使對某方面滿是疑問，也不會有仔細探究的精神。這樣的生活態度讓我們成爲任人擺佈的傀儡娃娃，可能偶爾會驚覺今天的困惑之線似乎繃得自己有點痛，但大多數人卻不會找到繩頭，將線放鬆一點。

是怕麻煩？還是有其他的原因呢？得過且過、不求甚解的做事方法似乎已成爲現代人一種通病。

別把疑問永遠放在心底，不要讓自己成爲差不多先生。

抽絲剝繭就像剝洋蔥般，每剝開一片，總教人淚水直流。或許，探究事情的過程中會碰到許多困難，但挖掘出新發現的喜悅感及難以估計的價值，絕對值得我們勇敢嘗試。

# 熱情可以創造奇蹟

付出會帶來快樂與滿足，要從中找到樂趣，進而熱愛自己的任務，相信不僅提高工作效率，也減輕不少疲勞。

美國名作家凱斯哈維爾（Keith Harrell）在他的著作中寫道：「要培養正確的態度，首先必須先找出人生目標與熱情。沒有目標與熱情，很容易就迷失了方向，深陷於困境中。」

要擁有正確的態度，其實並不困難，只要從事的是眞心願意的事，只要清楚了解自己的目標與方向，自然就會竭盡所能全心全力地付出。

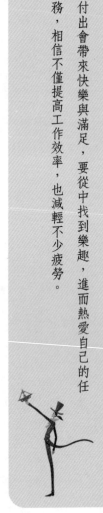

爲了進行人類第一次登陸太空的壯舉，蘇聯太空總署於一九六〇年三月開始招募太空人，招募期間，一共有二十多名太空人參加受訓，不過，他們最後挑中了加加林。

有人不禁好奇，究竟是什麼原因讓長官們選擇年輕的加加林，而不選其他更資深更老練的太空人呢？

原因是因爲，正式飛行的幾個禮拜前，受訓的太空人第一次看見即將完工的東方號飛船，主設計師問他們誰願意試坐，所有人都有志一同地舉手報名，然後迫不及待進入座艙內一探究竟。

其中，只有加加林進入座艙之前，特地脫下腳上的鞋子，穿著乾淨的襪子走進還沒有裝置艙門的座艙。

這一個小小的舉動令主設計師印象深刻，他看見這名二十七歲的年輕人如此小心翼翼地對待太空船，覺得他一定也會以同樣的心情去執行太空總署授予的任務，因此決定讓加加林負責這次的計劃。

加加林就靠著這個脫鞋的小動作，從此「一飛沖天」，有人說，這正是性格決定命運的最佳寫照。

加加林之所以成功，很大一部份的原因，是因爲他找到了人生的目標與熱情。他眞心想要成爲一名優秀的太空人，所以也懂得珍惜身邊的每一個機會。

熱情會創造奇蹟，因爲熱情是一種自發的力量，能夠幫助人集中所有心力，投身於正在進行的事。

付出會帶來快樂與滿足，但若要眞心誠意地付出就不是件容易的事。首先要從中找到樂趣，進而熱愛自己的任務，相信不僅提高工作效率，也減輕不少疲勞。

只要有足夠的熱情，就一定能克服所有困難。只要熱愛自己的工作，自然而然會以良好的表現完全任務。

# 態度決定一個人的高度

要擁有正確的工作態度並不難，只須多動腦想一想，要求別人少一點，要求自己多一點，並努力把每一件事都做到最好。

許多成功大師都強調：「態度是學歷、經驗之外，人格特質的總和。」

態度決定一切，一個人成功與否，關鍵在於他肯不肯付出、肯不肯學習、肯不肯接受鞭策。只要態度對了，那麼做事就很難出錯；只要事情不做錯，成功便指日可待。

話說小王和小李同時去應徵一個會計的職位。由於小王的學歷和相關工作經歷都比較優秀，因此對於這次機會，認爲自己勝券在握。

面試的時候，公司主管分別問了幾個問題，小王都能有條不紊地作答，反倒是小李，不管多麼簡單的問題，總是回答得七零八落，聽得連旁邊的小王都忍不住替他感到汗顏了！

面試之後，主管拿出一堆帳本，要他們兩個統計一下某個項目的年度收支情況。這對小王來說簡單得不得了，三兩下就完成了任務，而且還細心地反覆檢查好幾遍。小李的動作雖然很慢，但是一個小時之後，也把工作完成了。他倆於是拿著自己的「考試卷」去面見總經理。

結果出乎小王意料之外，他居然落選，而小李居然被選上了！

怎麼會這樣呢？是不是公司搞錯了啊？

小王懷著又驚訝又慌張的心情追問面試主管。只見主管回答：「因爲你沒有做月末統計，而小李不但做了，還做了季末統計。」

「可是……你叫我們做的不是年度統計嗎？」小王聽了，激動地反駁。

主管笑著說：「是啊，我只叫你們做年度統計，但是年度統計的數據應該從每月合計中得到，不是嗎？這雖然不是什麼大學問，但卻是做會計應該有的嚴謹態度，這也是我們爲什麼選擇小李的原因。」

《柯斯美國商業報導》曾做過一項調查，發現五百大企業的主管中，有百分之九十四的人將他們的成功，歸因於正確積極的工作態度。

要擁有正確的工作態度並不難，只須多動腦想一想，要求別人少一點，要求自己多一點；衷心地喜歡自己的工作，並努力把每一件事都做到最好，基本上已經成功一大半！

很多時候，事情做對還不夠，還要想一想：當中有沒有什麼暗藏的錯誤？事情做完還不夠，要問自己：還有沒有可能做得更多更好？

# 做好小事，成就大事

為自己工作的人，能從工作當中發現自己的價值；為報酬工作的人，除了獲得金錢之外，什麼也無法擁有。

英國作家卡萊爾曾說：「對一個人來說，在這個世界上的首要問題，就是找對自己應該做的工作。」

想要得到自己渴望的工作，就不能小看工作的份量。想要讓自己勝任愉快，樂在其中，就應把每件大事都看做是小事，而把每件小事都當成大事來做。

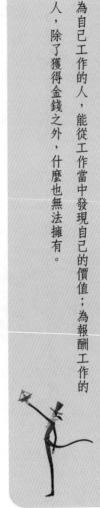

有一個商場招聘收銀員，經過嚴格篩選，最後只有三位小姐參加複試。

複試由商場總經理親自主持，第一位小姐走進總經理辦公室時，總經理二話不說，便從口袋裡拿出一張一百元的鈔票，請這位小姐到樓下去替他買包煙。這位小姐覺得自己還沒有成爲正式員工，就要受總經理的差遣，而且還被指派這些雞毛蒜皮的小事，將來的工作一定也會有很多不合理的要求，所以乾脆拒絕了總經理，很瀟灑地離開了這間商場。

接著，第二位小姐來到辦公室，總經理同樣也拿出了一張一百元的鈔票，請她去買一包香煙。

這位小姐心裡雖然不太情願，但是很希望得到這份工作，便很乖巧地答應了總經理的要求。可是，到樓下買香煙時，收銀的店員卻告訴她這張百元鈔票是假的，這位小姐不好意思告知總經理這件事情，只好自掏腰包買了一包煙，又把找來的零錢全部交給總經理，對假鈔的事隻字未提。

輪到第三位小姐時，也同樣被要求去買香煙。

但她接過總經理拿給她的百元鈔票時，並沒有轉身就走，而是仔細地看了看鈔票。

經過這仔細一看，她馬上就發現這張鈔票不太對勁兒，於是要求總經理另外再給她一張鈔票。

總經理笑了笑，收回那張假鈔，並宣佈這位小姐被錄用了。

第一個小姐並不是眞心想要得到這份工作，所以一被要求做她不想做的事，便立刻宣佈放棄。第二個小姐雖然態度表現良好，可是不夠細心，也不夠誠實，不符合擔任收銀員的條件。

只有第三個小姐具備合格的工作態度與良好能力，所以她雀屏中選。

收銀這份工作看似簡單，實際上卻不是每個人都能做。事實上，其他工作也是如此，每份工作都是一門深奧的學問，需要用心對待，才能做到最好。

爲自己工作的人，能從工作當中發現自己的價值；爲報酬工作的人，除了獲得金錢之外，什麼也無法擁有。

# 堅持細節，才能成就完美

不要做到差不多好，而要做到非常好。不要做到幾乎都對，而要做到完全都對，唯有堅持細節，才能成就完美。

細節會影響品質，細節會呈現個性；細節會顯示差異，細節也會決定成敗。

《贏在小細節》一書中曾提到：「『細節』，也就是細小的環節或情節。因為細小，人們常常不自覺地忽視了它；也往往因為時間、精力有限而顧不了細節；更有一些人急功近利、好高騖遠而對細節不屑一顧。」

無論生活中還是工作中，願意把小事做細的人最終才能脫穎而出。要成功，就必須改變心浮氣躁、淺嘗輒止的毛病，養成一絲不苟、注重細節的作風，把大事做細，把小事做好。

有個人去拜訪雕塑家朋友，來到朋友家中，不禁覺得奇怪，因爲從上個禮拜前來拜訪到現在，雕塑家的工作室裡擺著的都是同一個作品，他花了一整個禮拜的時間工作，作品看起來卻一點進展也沒有，究竟他都在忙什麼？

雕塑家向他解釋道：「別看我這個作品看起來好像沒有太大的改變，我可是花了不少功夫在這個地方潤了潤色，使這兒變得更加光彩些，然後在那個地方修了一下，使面部表情更加柔和些，也使那塊肌肉顯得更強健有力；接著，我讓嘴唇的表情更豐富，身體也顯得更有力度。」

「但是你做了這麼多，一般人根本看不太出來啊，你盡改變一些瑣碎之處，外表看起來沒有多大變化啊！」

「是啊，的確是如此，」雕塑家回答道：「但是，你要知道，正是這些細小的地方，才讓整個作品趨於完美。要讓一件作品的每個小地方都完美，可不是一件小事情啊！那些成就非凡的大師之所以被人稱爲大師，就是因爲他們總是在細微之處用心，在細微之處使力，久而久之，累積了出神入化的功力。」

成功是由一個個小細節堆成的。那些不顯眼的地方，那些沒有人會注意到的地方，正是決定你有多少競爭力之處。

對待工作，能否充滿責任感、自始至終盡自己最大的努力，這都是事業有成者與事業失敗者的區別。因此，做任何事情，都應力求所有細節都完美無缺。不要做到差不多好，而要做到非常好。不要做到幾乎都對，而要做到完全都對。正所謂「差之毫釐，失之千釐。」

唯有堅持細節，才能成就完美。

只要把每個微小地方都做好，統合起來，就會是巨大的力量。

# 了解全貌，分工合作才有成效

所謂合作，不是一味迎合別人，而是大家都有共同的信念，充分發揮團結的力量，讓一加一不只等於二，更要大於二。

這個社會凡事都講求分工合作，一個團隊若是能適當地分工合作，可以把三個臭皮匠變成一個諸葛亮。

倘若不適當地分工合作，或是團隊的成員分工之時不用腦筋，也可能讓狀況變成：一個和尚挑水喝，兩個和尚抬水喝，三個和尚沒水喝。

有位太太在廚房裡忙了一下午，準備晚上宴客的菜餚。等到她廚房裡的工作告一段落，轉身打掃客廳時，才想起爐子上的湯忘了加鹽。

她看見自己手上已經沾染灰塵，怕會弄髒食物，便想請女兒幫忙。

她叫大女兒替她在湯裡加鹽，大女兒說她正在洗頭髮。她叫二女兒幫忙，二女兒說她正在化妝。她叫三女兒，三女兒說她正在縫裙子。她叫四女兒，四女兒說她正在找她的珍珠項鍊。

這位太太別無他法，只好放下手中的吸塵器，把手清洗乾淨，自己動手往湯裡加了一勺鹽。

過了一會兒，女兒們忙完手邊的事後，想起自己剛才竟然連幫媽媽一個小忙也不肯，不禁感到有些慚愧。

於是，她們一個接一個偷偷溜進廚房，往湯裡加了一勺鹽。結果可想而知，晚餐桌上，客人對桌上的每一道菜都讚不絕口，唯獨對那鍋湯皺眉頭，因爲它實在是鹹得不能再鹹了……

分工合作看似是件輕鬆愉快的事，但實踐起來卻未必如想像中那麼容易。

如果不動腦想想工作內容是什麼，又該如何執行，只會把工作越做越糟糕，就像故事中的女兒們把一鍋美味的湯搞砸了。

分工合作的前提，是每個人都知道事情的全貌，並非只有少數幾個人清楚狀況。如此一來，每一個人才能都了解自己的位置，並且在同伴缺席時，順利承擔上對方原本負責的事務。

所謂合作，不是一味迎合別人，也不是對自己的責任敷衍了事，而是大家都有共同的信念，進行腦力激盪之後，把自己負責的部份做到最好。如此，方能充分發揮團結的力量，讓一加一不只等於二，更要大於二。

# 小處節儉，大處賺錢

有錢人之所以擁有超乎常人的財富，往往是因為能夠做到常人做不到的事，哪怕只是雞毛蒜皮的小事。

法國作家巴爾克曾說：「對於浪費的人，金錢是圓的。可是，對於節儉的人，金錢是扁的，是可以一塊一塊堆積起來的。」

現實生活中，財富當然是衡量一個人成就和幸福指數的標準之一，但是，卻不是唯一的標準。倘若追求財富的慾望太過強烈，又不知道節儉之道，那麼，許多依靠財富而來的幸福感覺，就會像鰻魚從手中溜走。

有錢人不一定過著揮金如土的生活，更有可能的是，他們比任何人都更知道錢的價值，因此他們比任何人都更懂得善用自己的每一分錢。

一名記者在飯店裡遇到了汽車大王福特及幾名企業家一同共進午餐。

那名記者看見福特手裡拿著帳單走向服務員，然後微笑地對服務員說：「小夥子，你看看是不是有一點誤差。」

「怎麼會呢？」服務員充滿自信地回答。

「你再仔細算算看吧。」雖然福特宴請的那幾位企業家已經朝飯店門口走去，但是福特還是很有耐心地站在櫃檯前。

服務員看見福特堅持的樣子，只好承認說：「因爲收銀機的零錢準備得很少，所以我多收了您五十美分，我以爲像您這麼富有的人應該不會在意。」

「剛好和你以爲的相反，我非常在意。」福特認眞地說。

服務員只好低頭湊出五十美分的零錢，遞到福特手裡。

福特離去之後，服務員一臉不屑地嘀咕道：「現代人眞是越有錢越小氣，連五十美分也要省！」

一旁的記者聽見這番抱怨的話，忍不住站出來爲福特說話，告訴那名年輕的服務員：「小夥子，你錯了，福特先生絕對是一個慷慨的人。你知道嗎？他剛剛才向慈善機構一次捐出五千美元的善款呢！」

說著說著，記者指著報紙上的新聞，證明他所言不假。

「那麼，他爲什麼還要當著那麼多朋友的面，跟我計較那區區的五十美分呢？」服務員百思不解。

記者解釋說：「那是因爲，他懂得認眞對待自己的每一分錢，他重視捐出去的五千美元，同樣的，他也重視辛苦工作得來的五十美分。」

俄國作家高爾基曾說：「假使一個人不在金錢裡埋葬自己，而能理性支配金錢，這對他是榮譽，對於別人也有益處。」

雖然說福特花那麼多時間計較那麼一點點小錢，有點不符合時間成本，但從這件事情可看得出來，他對自己的生活其實控制得相當嚴謹，不允許自己浪費任何一分錢，也不允許別人隨便賺走自己的錢。

他連對金錢都如此謹慎，在工作上自然也容不得任何一點閃失，正是這樣的態度，造就了他的成功。

當我們羨慕有錢人光鮮亮麗的一面時，也應該仔細觀察他們的生活態度，因爲有錢人之所以擁有超乎常人的財富，往往是因爲能夠做到常人做不到的事，哪怕只是雞毛蒜皮的小事。

一個人能不能順利完成夢想，並不在於先天擁有什麼能力，而在於是否擁有下定決心執行的勇氣。

不要小看自己，有錢人做得到，你也一定可以！

# PART 7

# 有實力，才有好運氣

雖然成功有時候也會受到運氣的影響，
但是運氣不可能平白從天上掉下來，
而是在累積一定的實力之後
才會降臨在努力的人身上。

## 患得患失，只會自討苦吃

大部分人因為不想嚐到失敗的滋味，所以一輩子怯怯懦懦，不敢輕易嘗試，並且還因此沾沾自喜，殊不知這才是最大的失敗！

作家凱勒曾經寫道：「我絕不憂慮不如意的小事，因為，我知道那些小事，實際上並不如自己想像中那麼嚴重。」

其實，人生難免會有波折，大多數爲小事憂慮沮喪的人，除了是自己看得太淺、想得太多，另外就是太過於患得患失，因此，才會爲一些暫時阻礙成功的芝麻蒜皮小事煩惱發愁，陷入負面情緒中自找苦吃。

不論做任何事，剛開始時總是容易跌跌撞撞，就像嬰兒學走路一樣；除非你眞的天賦異稟，要不然，跌倒對每個人來說，其實都只是不足爲奇的小事而已，何必擔心害怕呢？

安東尼十四歲的時候來到美國。因爲他從七歲起就跟著裁縫師學裁縫，所以到了美國之後，很順利地就在一家裁縫店中找到工作。

到了十八歲時，安東尼決定要成立一家屬於自己的店。

於是，他和弟弟及其他合夥人共同買下了一間禮服店，信心滿滿地把所有的積蓄都投資在這裡。但是，接下來發生的許多事情，卻不斷地考驗著安東尼開店的決心。

先是在即將開業的前一天晚上，被小偷偷走了將近八萬美元的存貨；接下來他再度進的貨，又在一場意外大火中付之一炬。

後來，他才發現保險經紀人欺騙他，根本沒有把他支付的保險費支票交給保險公司，所以這場火災等於沒有保險。

更慘的是，可以證明公司存貨內容和價值的一位重要證人，卻正好在這個時候去世了。

接二連三的打擊實在讓安東尼受夠了，他決定到別的裁縫店工作。但是，過了沒多久，他渴望擁有自己事業的慾望又開始蠢蠢欲動了起來。

於是，他再度鼓起勇氣，開了一家裁縫兼禮服出租店。

這一次，他決定多採納別人的意見，但是大方向上他依然堅持自己做決定。因爲，他始終相信：如果跌倒了，至少是他讓自己跌倒的；如果他站了起來，那也是要靠自己站起來的。

因爲安東尼堅持著這個信念，所以不久之後，他的「法蘭克禮服出租店」終於成爲底特律的知名店舖。

美國著名的詩人朗費羅曾說：「不要無事自尋煩惱，否則就是自找苦吃。」

這句話告訴我們，跌倒了就快點站起來，不要爲了絆倒自己的小石頭傷腦筋，只要有實力又肯努力，最後你一定會成功，又何必抱怨日子難過，一天到晚用負面情緒來折磨自己呢？

因爲害怕跌倒，所以很多人不敢騎腳踏車、不敢溜冰、不敢玩直排輪……因爲害怕，所以喪失了許多樂趣。

在人生的歷程中也是如此，大部分人因爲不想嚐到失敗的滋味，所以一輩子怯怯懦懦，不敢輕易嘗試新事物、新方法，並且還因此沾沾自喜，殊不知這才是最大的失敗！

跌倒的目的，不是爲了讓你灰心喪氣，而是爲了讓你在爬起來的時候，能看到更美好的東西！

所以，何必害怕跌倒？應該怕的，是連嘗試都不敢嘗試，便在恐懼中失去機會，因爲失去了嘗試的勇氣，也就等於自願放棄了成功的機會。

## 「敢做」，比「會做」更重要

想要成功，就不能害怕冒險。有了周密思考後所作的客觀判斷，再加上過人的膽識，那麼成功自然就能水到渠成了。

也許出身的地位有高低之分，但成功卻不會有任何設限，因爲任何人都有成功的機會，只是看你敢不敢、願不願意盡全力爭取而已。

千萬不能淪爲被命運支配的傀儡，即使生活到了難以忍受的地步，只要你充滿信心與希望，終究會開創屬於自己的輝煌時光。

理查德．科布登是一個農夫的兒子，在年紀很小的時候就被送到倫敦，在一個倉庫裡受僱爲童工。

理查德從小就是個勤奮上進的孩子，並且渴望能夠吸收更多的知識，只可惜他的僱主是個非常保守專制的人，認爲工人就是工人，不需要讀太多書，所以理查德只能在工作之餘偷偷摸摸地自修學習，將從書本中獲得的知識默默藏在心裡。

不過，他的學識很快地便展現在他的工作中，使他從一個倉庫管理員，成爲旅行全國的推銷員；理查德更從中建立起屬於自己的人脈，並且爲日後的獨立奠定基礎。

等到存夠錢之後，理查德便開始了他的商業生涯。經過許多年的奮鬥之後，經商成功的理查德，因爲自己當年想讀書卻沒有書讀的遭遇，決定致力於普及大衆教育。

爲了宣傳他的理念，理查德必須到處巡迴演講。然而，他沒有這方面的經驗和訓練，所以，他首次在公衆面前發表的演講可說是慘不忍睹。

但是，理查德並不氣餒，靠著毅力和不斷地練習，終於成爲最具說服力的演講者之一。後來，理查德還被評價爲：「他是將個人才能和努力發揮得淋漓盡致的最佳典範，也是出身社會最底層的窮人，經由發揮自己的價值，躋身到受人尊敬的地位中，完美的一個例子。」

法國作家紀德在小說中，寫過一段激勵人心的話：「人人都有驚人的潛力，要相信自己的力量與青春，要不斷告訴自己：我就是命運的主宰。」

確實，只要下定決心改變，人就是自己生命的主宰。

想要成功，就不能害怕冒險。

所謂的冒險，不是指盲目的鋌而走險，而是建立在周密的思考後所做的客觀判斷，然後採取行動；要達到這一步，必須累積相當的視野和經驗。

有了這些先決條件，再加上過人的膽識，成功自然也就水到渠成了。

# 想成功，就要耐心等待

如果只是因為等待的時間太長，便選擇放棄的話，那麼就表示對自己的才華沒有信心，又怎麼可能得到別人的肯定呢？

富蘭克林曾經在《窮查理的曆書》中寫道：「平庸的人，最大的缺點，就是經常覺得自己要比別人高明。」

正因爲如此，當他們發現自己並非想像中那麼絕頂聰明，才會驚訝不已，甚至因而惱羞成怒。

爲什麼許多自認爲有才華的人，最後不一定會成功？

那是因爲他們脾氣大，又缺乏耐心，總認爲自己的才華是獨一無二的，所以一旦不順己意時，很容易就會怨天尤人，接著便是全盤放棄了！

有一個工人，一家人都住在拖車裡。

工人一星期的薪水只有六十美元，因此他的妻子也必須外出工作才行。不過，即使夫妻兩人都出去工作，賺到的錢仍然只能勉強餬口而已。

他們還有一個出生不久的嬰兒，有一次，嬰兒的耳朵受到感染，他們只好將電話賣掉，才勉強湊到錢爲嬰兒治病。

雖然生活很拮据，但是這個工人一直夢想能成爲作家，所以只要一有時間，他就會把握時間寫作，並且把剩下的一點點錢全部用來支付郵資，寄稿件給各個出版商。

可惜的是，他的每一部作品幾乎都被退了回來，退稿信件也寫得十分簡短和公式化，工人甚至不確定這些出版商究竟有沒有看過他的作品。

有一天，他看到一部小說，內容讓他想起了自己的某部作品，於是他把作品寄給那部小說的出版商。

幾個星期後，工人收到出版商湯姆森的回信，湯姆森認爲原稿的瑕疵太多，不過，他仍然認爲工人具有成爲作家的潛力，並且希望他再試試看。

接下來的十八個月裡，工人一連寄出了兩份稿子，但是全都遭到退回。寫到第四部的時候，因爲生活上的困難，工人決定放棄寫作，並且氣得把稿子扔進了垃圾桶裡。

但是，他的妻子卻把稿子撿了回來，還對工人說：「你不應該半途而廢，特別是在你快要成功的時候。」

就這樣，妻子的支持和鼓勵，讓工人再度燃起了一線希望。

儘管妻子給予的支持，讓工人能夠懷抱希望地繼續寫下去，但當他寄出第四部小說時，幾乎不抱任何希望，因爲他認爲還是會失敗的。

可是，他錯了！湯姆森看完之後，立刻要求出版公司預付兩千五百美元的版稅給這個工人。

就這樣，史蒂芬·金的經典恐怖小說《嘉莉》誕生了！這本小說總共銷售了五百萬冊，還被改編拍攝成電影，成爲一九七六年最賣座的電影之一。

有人說，人生的道路當中，有無數條途徑通往失敗，只有一條道路連接成功。但是，換個角度來說，其實成功並不難，它就在無數條失敗道路的旁邊，能不能邁向成功之路，全看我們能不能超越自我。

因此，凡事必須三思而後行，以免做出讓自己後悔的蠢事，因爲，粗魯和草率的言行，均是那些失敗的傻瓜的共同特徵。

成功是需要耐心等待的，耐心在成功的過程中佔有最重要的地位。一個眞正有才華的人是不會被埋沒的，如果只是因爲等待的時間太長，便選擇放棄的話，那麼就表示對自己的才華沒有信心。一個連自己都不相信的人，又怎麼可能得到別人的肯定呢？

# 不要害怕當傻瓜

一個聰明人如果有當傻瓜的勇氣，那麼他才能堅持自己的理想，並且積極地完成目標。

沒有人願意被別人當成傻瓜！

可是，那些最後獲得肯定、得到成功的人，在一開始，往往也是許多「聰明人」眼中愚蠢的傻瓜。

詹姆森・哈代是一個喜歡冒險的人，他周圍的朋友和同事都認爲他是一個滿腦子怪念頭的「傻瓜」。

當他發現電影發明的原理之後，便從電影膠卷的轉盤中產生了靈感：他讓膠卷上的畫面一次只向前移動一格，以便老師能夠有充足的時間詳細闡述畫面裡的內容。

這個想法讓哈代受到不少嘲笑，但是他沒有因此退縮，經過不斷地反覆實驗之後，哈代終於成功地實現了讓畫面與聲音同步進行的目標，創造了「視聽訓練法」。

除此以外，哈代曾經兩度入選美國奧運會游泳代表隊，也曾經連續三屆獲得「密西西比河十英哩馬拉松賽」的冠軍。

哈代在游泳的時候，覺得大家在比賽時使用的游泳姿勢不好，決心加以改變。但是，當他把想法告訴游泳冠軍約翰．魏斯姆勒時，約翰認爲他的想法太過荒唐，於是立刻加以拒絕；另一位游泳冠軍杜克．卡漢拉莫庫也要他不要冒險嘗試，以免不小心在水裡淹死。

當然，哈代還是沒有理會他們的告誡，仍然不斷地挑戰傳統游泳的姿勢，最後終於發明了自由式，並且成爲現在國際游泳比賽的標準姿勢之一。

作家蘭爾代斯曾經說道：「我們只有一次生命，而且它又相當短，我們為什麼要浪費那麼多時間，在自己最想做的事情上面猶疑不決呢？」

只有鼓起勇氣去做自己想做的事情，才能讓自己活得更好。

歷史上有許多著名的成功人物，都是因爲不怕被別人當成傻瓜，所以才能成就一番事業的。

總是被別人看成聰明人當然很好，可是一個聰明人如果有當傻瓜的勇氣，那麼就能堅持自己的理想，並且積極地完成目標。

# 別當個食古不化的老古董

在這個競爭激烈的社會中，替換更新是很正常的現象，在交替轉變中如果不知變通，那麼最後只會遭到淘汰。

敢於懷疑的人，思想靈活，較少受習慣的束縛，並且渴望創新，所以往往可以發現眞理的另外一面。

這種特質不論是從事科學研究，或是用於待人處世，都是一種進取的美德。

日本明治維新的功臣之一阪本龍馬，常常和另一個維新大將西鄉隆盛談論時事。因爲阪本的談話內容和觀念每次都有一些改變，西鄉隆盛每次的感受也都有所不同。

有一天，西鄉隆盛不禁對阪本龍馬說：「我每次遇到你，你的談話內容都會和前一次不同，這讓我對你所說的話產生懷疑。你既然是名滿天下的志士，受到大家的尊敬，就應該有不變的信念才對。」

阪本龍馬聽完後，回答道：「孔子說過一句話：『君子從時』，時間不停地流轉，社會也天天在變化，昨天的『是』，在今天很可能就是『非』。所以『從時』，才是遵守君子之道。」

接著，他又對西鄉隆盛說：「西鄉先生，如果你對某事物有一定的看法，並且遵守到底的話，將來一定會跟不上時代的。」

一九七九年的諾貝爾物理獎得主溫伯格，在獲獎之後曾經接受《科學報導》記者的訪問。

記者問溫伯格說：「請問，你覺得哪些是科學家必須具備的素質？」

溫伯格回答碩：「這個問題是因人而異的，不同的人可以按照不同的途徑獲得成就。雖然每個物理學家都必須具備一定的數學才能，但並不表示數學最好的人就會是最好的物理學家。因爲其中最基本也最重要的素質，就是對自然現象的『勇於懷疑』。所謂的勇於懷疑，就是不輕易接受書本上的答案，認眞去思考，並嘗試發現有什麼是與書本不同的東西。」

在這個競爭激烈的社會中，替換更新是很正常的現象，在交替轉變中如果不認眞思考、不知變通，那麼最後只會遭到淘汰。

因此，一定要把「創新求變」的精神加以活用，那麼才能在時代中，佔有屬於自己的一席之地。

# 用信念改變自己的命運

受到挫折時，歸咎於命運是很多人會尋找的藉口，但就算挫折真的是命中注定，你的信念和意志，仍然可以改變挫折的結果。

許多人都曾對自己的未來感到不確定，覺得命運似乎不是自己可以控制的。

但是，無論外在的環境怎麼改變，只要自己的信念和意志不變，命運的控制權還是掌握在自己手裡的。

一九五五年，十八歲的金蒙特已經是全美國最年輕，也是最受喜愛的滑雪選手。她的名字出現在大街小巷，她的照片也經常成爲各大雜誌的封面，美國人民都看好金蒙特，認爲她一定能替美國奪得奧運的滑雪金牌。

然而，一場悲劇卻使金蒙特的願望成了泡影。在奧運會預選賽最後一輪的比賽中，因爲雪道特別滑，金蒙特一不小心就從雪道上摔了下去了。當她從醫院中醒來時，雖然保住了性命，但是，肩膀以下的身體卻永遠癱瘓了。

金蒙特十分努力地想讓自己從癱瘓的痛苦中跳出來，因爲她知道，人活在世界上只有兩種選擇：奮發向上，或是從此意志消沉。最後，金蒙特選擇了奮發向上，因爲她對自己的能力仍然堅信不疑。

有好幾年的時間，她的病情處於時好時壞的狀況，但是她從來沒有放棄過追求有意義的生活。

幾經艱難，金蒙特學會了寫字、打字、操縱輪椅和自己進食；同時她也找到了今後人生的新目標：成爲一名老師。

因爲她的行動不便，所以當她向教育學院提出教書的申請時，系主任、校長和醫生們都認爲以金蒙特的身體情況，實在不適合當老師。

可是，金蒙特想當老師的信念十分堅定，並沒有因爲遭到反對就宣告放棄。她仍然持續地接受復建治療，也不斷地努力唸書，終於在一九六三年獲得華盛頓大學的教育學院聘請，完成她想當老師的願望。

雖然金蒙特沒有辦法得到奧運金牌，但是她鍥而不捨的意志力，已爲她的人生贏得了另一面金牌。

在遭受到這麼大的打擊之後，就算金蒙特選擇自怨自艾地度過餘生，應該也沒有人忍心苛責她。

可是她並沒有，她願意接受眼前的事實，並且尋找另一條出路，於是在她的堅持之下，命運最後還是操控在她的手裡。

受到挫折時，歸咎於命運是很多人會尋找的藉口，但是別忘了，就算挫折眞的是命中注定，你的信念和意志，仍然可以改變挫折的結果。

# 有實力，才有好運氣

雖然成功有時候也會受到運氣的影響，但是運氣不可能平白從天上掉下來，而是在累積一定的實力之後才會降臨在努力的人身上。

腳踏實地是的成功首要條件，但不可否認的是，有時候，「運氣」多多少少也可能成爲影響成功的條件之一。

不過，做事不能碰運氣，平時必須多累積自己的實力，只要經常克服自己的缺失，每個人都會有好運氣。

有一位老伐木工正在對新入行的班納德解釋要如何砍樹，老伐木工說：「要是你不知道樹砍斷後會落在什麼地方，那麼就不要砍它。而且樹總是會朝支撐少的方向落下，所以，如果你想讓樹朝哪個方向落下，只要削減那一方的支撐力就可以了。」

班納德聽完，心中覺得半信半疑，他知道要是稍有差錯，他們要不是損壞一棟昂貴的別墅，就是弄垮一幢磚砌的車庫。班納德滿心不安地依照老伐木工的指示，在兩幢建築物中間的土地上劃一條線。

在那個還沒有電鋸的時代，砍樹主要靠的是腕力和技巧。

老伐木工等班納德準備完成之後，揮起斧頭便向大樹砍去。

這棵大樹的直徑大約一公尺，老伐木工年紀雖然大，但臂力還是很強勁。過了半小時，大樹果然不偏不倚地倒在班納德所畫的線上，而且樹梢離房子還有很遠的距離。

班納德很佩服老伐木工的本事，但是老伐木工什麼也沒有表示，只是默默地將大樹砍成整齊的圓木，再把樹枝劈成柴薪。

班納德見狀，不禁對老伐木工說：「你的技術眞好！我絕對不會忘記你所教的砍樹技巧！」

一直不發一語的老伐木工，這時才緩緩地對班納德說：「算我們的運氣好，今天沒有風。你要注意，永遠要提防風！」

雖然成功有時候也會受到運氣的影響，但是運氣不可能平白無故地從天上掉下來，而是在累積一定的實力之後，才會降臨在努力的人身上。

美國作家約翰．巴勒斯說：「運氣看似誘人，但事實上，有很多遙不可及和美好的事物都只是騙人的幌子，最好的運氣來自你的實力。」

碰運氣，最後往往只會讓人垂頭喪氣，因爲，成敗的關鍵不在運氣，而在於你是否能計算出運氣的行進軌跡，是否有足夠的能力抓住它。

如果沒有努力過，只妄想著依靠運氣就能成功，那麼就算僥倖成功了，這種成功往往也只是曇花一現，難以長久維持的。

# PART 8

# 要努力，還要有毅力

成功不只需要努力，還要加上決心及毅力，
就算努力之後無法達到自己想要的結果，
但至少能夠為下次的成功，
奠定更紮實的基礎。

# 停止反省，等於停止進步

無論任何企業，都必須隨著時代脈動調整步伐，並且在不斷的流動中反省，才能讓企業的價值越來越高，根基也紮得越來越穩固。

在人生過程中，我們往往會碰到許多意想不到的挫折與困難。想要成功，就必須克服重重危機。

在克服危機的過程中，懂得反省是很重要的，因爲只有懂得反省的人，才有可能找到衝破危機的方法。

安麗是美國知名的消費品製造商，擁有超過一百萬名獨立經銷商的全球直銷網絡，而且旗下販售的產品超過四千三百種。

更驚人的是，安麗所有的商品都是透過上門推銷和郵購的方式銷售，年營業額高達數十億美元。

安麗是由狄韋斯和傑文・安岱爾兩人共同創立的。狄韋斯在讀高中時，遇到了傑文・安岱爾，兩個年輕人有著相同的夢想、希望和目標，就這麼開始了一起創造事業的過程。

五〇年代末，他們在自家的車庫裡展開了他們的事業。後來雖然遭遇過許多挫折，但是他們兩人從不放棄，並且彼此扶持、鼓勵，經過長時間的努力之後，終於演變成現在的安麗。

當媒體詢問狄韋斯的經營之道時，狄韋斯認爲，那些夢想擁有自己事業的人，最後往往只看重管理事業，而不是繼續成長。

大多數公司之所以會垮，是因爲原本的創立者忘了繼續進步的重要，只陶醉在公司目前的繁榮景象。

如果要繼續進步的話，就不能忽略時時自我反省。

作家穆尼爾．納素夫曾說：「人的生活方式如果一味地延續一系列的舊習慣，那麼毫無疑問的，他會淪為生活的奴隸。」

人活著，不論何時都要活得比從前更美好和精采，成功之後更要再接再厲，努力維持得來不易的成果。

白手起家的人固然值得欽佩，但是「守成」的人則更爲重要。

要想維持成功的榮景，停滯不前非但無法維持原有的成績，反而是一種退步，甚至會導致瓦解。

所以，無論任何企業，都必須隨著時代脈動調整步伐，並且在不斷的流動中反省，才能讓企業的價值越來越高，根基也紮得越來越穩固。

## 努力，要讓別人看得到

如果想要脫穎而出，除了比別人做得更好之外，還要讓自己更耀眼！埋頭苦幹是行不通的，還得讓大家看得到你的努力才行！

大家都知道要努力才會成功，但卻不是每個人都知道該如何「努力」。

其實，努力並不等於一味地埋頭苦幹，懂得方法的「努力」，才是有效達到目標的好辦法。

曾經有一個衣衫襤褸的少年，到摩天大樓的工地，向衣著華麗的承包商請教：

「我應該怎麼做，長大後才能跟你一樣有錢？」

承包商看了少年一眼，對他說道：「我跟你說一個故事，從前有三個工人在同一個工地工作，三個人都一樣努力，只不過，其中一個人始終沒有穿工地發的藍制服。最後的結果是，第一個工人現在成了工頭，第二個工人已經退休，而第三個沒穿工地制服的工人則成了建築公司的老闆。年輕人，你明白這個故事的意義嗎？」

少年滿臉困惑，似乎聽得一頭霧水，於是承包商繼續指著前面那批正在鷹架上工作的工人對男孩說：「看到那些人了嗎？他們全都是我的工人。但是，那麼多的人，我根本沒辦法記住每一個人的名字，有些人甚至連長相都沒印象。但是，你看他們之中那個穿著紅色襯衫的人，他不但比別人更賣力，而且每天最早上班，也最晚下班，加上他那件紅襯衫，使他在這群工人中顯得特別突出。我現在就要過去找他，升他當監工。年輕人，我就是這樣成功的，我除了賣力工作，表現得比其他人更好之外，我還懂得如何讓別人『看』到我在努力。」

其實，早在唐朝，名將薛仁貴就運用過這種與眾不同的方式，獲得唐太宗賞識。當時，唐太宗率軍親征高麗，正當將士們全副武裝與高麗軍隊廝殺時，名不見經傳的薛仁貴卻藝高膽大，刻意身穿一身白袍奮勇殺敵。

事後，唐太宗果然對這位「白袍小將」留下深刻印象。

想要比別人早一步成功，除了必須不斷挑戰困難和不斷超越自己之外，最重要的是，要讓別人看得見自己的表現。

不要以爲只有你一個人在拼命工作，其實每個人都很努力！

因此，如果想要在一群努力的人中脫穎而出，除了比別人做得更好之外，就得靠其他的技巧和方法了。

最好的辦法，就是找出自己與眾不同的特質，將你的努力用在發揮這些特質上。如此一來，即使做的是相同的工作，那麼你也會比別人更耀眼，更有可能獲得成功的機會！

## 要努力，還要有毅力

成功不只需要努力，還要加上決心及毅力，就算努力之後無法達到自己想要的結果，但至少能夠為下次的成功，奠定更紮實的基礎。

歷史上許多著名的人物，在成功之前，都曾付出過不爲人知的努力，這些努力的過程甚至可以用「拼命」來形容。

正因爲他們付出了這麼多，所以才能得到衆人所不及的成就。

英國細菌學家歐立然，在研製消滅人體內的錐蟲和螺旋體病原蟲藥物的過程中，幾個晚上徹夜不眠是家常便飯。眞的累到受不了的時候，就用書當枕頭，和衣躺在實驗室的長椅上小睡片刻，醒來後，再接著繼續工作。這樣持續了許多年，最後才終於研發出六百多種藥物。

俄國詩人馬雅可夫斯基在寫《多斯塔之窗》時，也是夜以繼日地寫作，不浪費任何一點靈感。疲倦的時候，就用劈柴當枕頭，因爲劈柴不舒服，所以才能讓自己不至於睡得太久。

正因爲如此，他才能擁有比一般人還多的時間，做出一般人做不到的事情。

科學家牛頓也是如此。

牛頓有一次請朋友吃飯，朋友已經到了，僕人也把飯菜都擺好了，可是卻遲遲不見主人牛頓的蹤影。原來，牛頓突然想到一個問題，又躲進實驗室裡做實驗了；一進入實驗室後，牛頓就忘記了外界的一切，更忘了請朋友吃飯這件事了。

朋友知道牛頓的習慣，自己吃完飯後便告辭走了，而牛頓一直等到得出了實驗結果後，才滿意地走出實驗室。

等他來到餐廳，看到朋友吃剩的飯菜時，還莫名所以地說：「我還以爲要吃飯了呢，原來我已經吃過了！」

許多人生導師都不厭其煩地告訴我們：「壯志與熱情是夢想的羽翼，自信與堅韌是成功的階梯。」

許多偉大人物的成功經驗印證了這句話的真實性，在在提醒我們，必須把所有的心力，放在當下應該努力的事情上面。

很多人才剛剛付出，就急著期待看到成果，如果結果不如預期，便心灰意冷，立刻想要放棄。

這樣的人是永遠不可能成功的，因為成功不只需要努力，還要加上決心及毅力。就算努力之後無法達到自己想要的結果，但至少盡了全力，不只對得起自己，也能夠為下次的成功奠定更紮實的基礎。

## 機會就在「麻煩」中

機會往往就隱藏在層層的麻煩之中，如果你想成功，別吝嗇你的時間，只要你願意堅持下去，你一定能找到成功的契機！

每個人都不喜歡麻煩，也沒有人會自找麻煩，可是麻煩的事情中，卻往往隱藏著成功的契機。

如果沒有那些愛「找麻煩」的人，世界上的成功者也許會因此減少很多。

費爾德是架設海底電纜的創始者，當他決定進行海底電纜這個計劃時，毫不猶豫地把自己所有的財產都拿出來，投資在開發海底電纜上。

爲了尋求國會議員的支持，他在國會議題討論中不知道接受過多少議員的質疑和反對，但是他並不灰心，最後終於獲得國會議員過半數通過支持，讓他的計劃得以執行。

鋪設海底電纜是一項前所未見的工程，在第一次架設的時候，就因爲電纜在海裡無法鋪超過五公里而失敗。接下來，他仍然不斷地遭遇到許多慘痛的失敗，但是他一步一步地修正，最後，終於在一八五八年完成了世界上第一條海底電纜。

電纜雖然架設好了，但遺憾的是，電纜只營運了幾個星期就停擺。可是費爾德還是不死心，他仍然到處說服投資人，籌集資金準備做最後一搏。

好不容易有公司願意支援費爾德的計劃，但是在鋪到兩千四百英哩的地方時，電纜又斷了，一切的努力又付諸流水，損失金額超過六百萬美元。

經過十二年不停地努力，在一八六六年七月二十七日那天，他終於成功地完成了電纜的工程。第一個透過海底電纜傳來的消息是：「感謝上帝，電纜鋪好了，運行正常。費爾德。」

不要害怕出現眼前的麻煩，要把每一次打擊都當成學習的機會，把每一個危機都視爲成功的轉機。

如果困境讓我們失去了追求的動力，如果逆境讓我們失去了對未來的憧憬，那麼，我們就是不折不扣的失敗者了。

有時候，「自找麻煩」反而是讓自己功成名就的大好機會，因爲大多數人都怕麻煩，所以「自找麻煩」的人反而特別容易引人注意。

機會往往就隱藏在層層的麻煩之中，如果你想成功，別吝嗇你的時間，只要你願意堅持下去，你一定能找到成功的契機！

# 把學歷轉化成能力

文憑就跟外表一樣，雖然一開始容易吸引眾人的目光，但是缺乏真材實料的內在，再好看的外表，也只是無用的裝飾品而已。

在現代社會中，學歷的重要性無庸置疑，大學畢業也已經是最基本的標準。

但是，如果沒有眞才實學的話，再好的文憑和學位，也沒有辦法成爲不可取代的優勢。

肯尼迪高中畢業後就開始找工作，偶然間發現了一則徵人廣告，內容是某家知名的出版公司要招聘一位負責五個州內各書店、百貨公司和零售商的業務代表；薪水是一個月一千六百美元到兩千美元，另外還有工作獎金、出差費和公司配車。

這是肯尼迪夢寐以求的工作，可惜的是，他在面試的時候就被拒絕了。

主管很客氣地對肯尼迪解釋爲什麼拒絕他的理由：第一、他的年紀太輕；第二、他沒有相關的工作經驗；第三、他只有高中畢業而已。

肯尼迪竭盡所能地毛遂自薦，但是主管的態度仍然十分堅決。這時，肯尼迪靈機一動，對主管說：「反正你們這個業務代表的空缺已經缺了六個月了，再缺三個月應該也不會有太大的差別。既然如此，能不能讓我先做三個月？我不要薪水和交通工具，公司只要負擔我的出差費就行了。等三個月之後，你再決定要不要錄用我，如何？」

主管覺得肯尼迪的辦法很有趣，便答應了他的條件。

在這短短的三個月裡，肯尼迪達成許多耀眼的成績，其中包括了重組了銷售流程，創下公司有史以來的銷售紀錄；他也爭取到更多新客戶，包括一些以往一直爭取不到的客戶。於是，不到三個月，肯尼迪就被錄取了。

俄國作家契訶夫曾說：「人要有三個頭腦：與生俱來的頭腦，從書籍中得來的頭腦，從生活中得來的頭腦。」

時下年輕人經常犯的錯誤就是不懂得活用頭腦，沒有行動力，一味把學歷視爲能力。

學歷或許重要，但是把學歷轉換成能力則更重要。如果做不到這一點，那麼擁有再顯赫的文憑，也不過代表比一般人會讀書而已。

文憑就跟外表一樣，雖然一開始容易吸引眾人的目光，但是倘使缺乏眞材實料的內在，那麼再好看的外表，也只是無用的裝飾品而已。

## 不要讓自己的創意不切實際

創意一開始都是天馬行空的，需要靠行動一步步地修正，否則，再多的想法，也不過是徒然浪費自己的想像力罷了。

法國哲學家列維．斯特勞斯曾說：「千萬不要想像我們能像噴泉一樣創新。創意必須經過長期醞釀才能成熟，才能在約束中錘打出自己的道路。」

科技與網路的迅速發展，改變了人類經濟活動的內容，也爲人類的精神層次帶來極爲深刻的影響，「創意」這個名詞儼然成了新時代的主角。

誠然，知識經濟時代的靈魂是創新，但是，並不是所有的創意都能派上用場，有時它只是個餿主意。

《富爸爸，窮爸爸》裡有一則有趣的故事。

羅伯特和麥克才九歲的時候，就想靠自己的力量賺取零用錢。但是，他們的年紀太小了，找不到適合的工作，於是兩人想了很久，終於想出了一個他們認爲「最好」的賺錢方法。

接下來的幾個星期，羅伯特和麥克跑遍了整個小鎮，到處去要別人用完的牙膏皮。每個人都很願意給他們這種沒用的東西，可是每當問他們有什麼用途時，他們總是回答：「這是商業秘密」。

等到他們攢足了牙膏皮，就開始行動，要把這些牙膏皮「變」成錢。

兩個九歲的男孩在車庫合力「安裝」了一條生產線，完成後還要求羅伯特的爸爸來參觀。

原來，當時的牙膏皮還不是塑膠製，而是鉛製的，所以把牙膏皮上的塗料熔掉之後，鉛皮就會因爲高溫變成液體，然後羅伯特和麥克再小心地把鉛液灌入裝有石灰的牛奶盒裡。

看到這種情形，羅伯特的爸爸好奇地問：「你們在做什麼？」

羅伯特興奮地回答說：「我們正在『做』錢，我們就要變成富翁了！」

麥克也笑著說：「我們是合夥人。」

隨後，羅伯特用一個小鎚子敲開牛奶盒，並且對他爸爸說：「你看，這是已經做好的錢。」

說著，一個鉛製的五分硬幣就這麼掉了出來。

羅伯特的爸爸這才明白：「原來你們在用鉛鑄硬幣啊！」

麥克說：「對啊，這是我們想到的賺錢方法。」

羅伯特的爸爸笑著搖搖頭，並且向他們說明這個方法是犯法的行爲，根本行不通。兩個孩子頓時覺得非常失望，羅伯特很沮喪地對麥克說：「我們當不成富翁了。」

羅伯特的爸爸聽了這話，對他們說：「孩子，一件事情的成敗並不重要，重要的是你們曾經嘗試過。你們比大多數只會空談的人還要厲害得多，我爲你們感到驕傲。」

創意如果沒有眞正付諸行動，就不可能稱爲創意，只能稱爲一種腦海中浮現的「想法」而已。

而且，創意一開始都是天馬行空的，需要靠行動一步步地加以修正，否則，再多不切實際的想法，也不過是徒然浪費自己的想像力罷了。

因此，當別人嘲笑你的創意是異想天開的幻想時，先別急著鬧脾氣，也不用和對方爭得面紅耳赤，而是付諸行動，然後一步步加以修正。

如此一來，你的創意就有可能成爲通往成功的捷徑。

# 約束，是為了得到更多自由

如果每個人都能隨心所欲，結果必定一團混亂。你想要的不一定是別人想要的，當兩者的慾望產生衝突時，要不造成混亂也難。

每個人都想過隨心所欲的生活，只可惜現實中存在著太多制約和束縛，無法讓人任意而爲。

很多人會因此抱怨，但是仔細想想，如果沒有這些束縛的話，那麼生活也就失去了規範，也就更容易變得混亂不堪了。

有一棵剛種下的小樹被綁在木樁上，小樹感到很不自在，便對木樁抱怨說：「你爲什麼要這樣約束我，剝奪我的自由？」

木樁回答小樹：「你才剛被種下，根都還沒有紮穩，我的存在是爲了幫助你紮根，並且增加抵禦強風的能力，如此才能讓你不至於倒下！」

小樹完全聽不進木樁的話，心裡想：「我才不相信你這些鬼話！就算沒有你，我還是能紮穩根，我根本不需要你的幫助！」

於是，小樹藉著風力，天天用力地摩擦木樁，終於把綁著它的繩索弄斷了。

小樹非常高興能夠重獲自由，因爲它總算能隨風搖擺自己的軀幹，再也沒有東西能夠束縛它了。

當天晚上，忽然來了一陣狂風暴雨，小樹因爲沒有一個有力的支撐，於是很輕易地就被連根拔了起來。

等到第二天早上，毫髮無傷的木樁對著倒在地上的小樹說：「獲得自由的感覺，你現在應該知道了吧！」

小樹不禁後悔地說道：「我現在才明白我需要約束，可惜已經太遲了！」

科學家赫胥黎曾說：「我無法駕馭我的命運，只能與它合作，從而在某種程度上使它朝我引導的方向發展。」

想要超越現況的同時，也要學會「自我節制」，尤其是對一些可能危害自己和別人的行爲更要三思而後行。

如果每個人都能隨心所欲，那麼結果必定會造成一團混亂。

畢竟，你想要的不一定是別人想要的，而當兩者的慾望產生衝突時，要不造成混亂也難。

所以，下次想抱怨時，別忘了你是在「自由」的情況下抱怨你的束縛，比起「危險的自由」，適當地約束更能幫助你成長。

# PART 9

# 困難，都是自己想像出來的

如果你只會在一旁空想，
那麼這個世界將會是個被重重
「困難」包圍的可怕環境，
而你永遠也無法破除困難，往前再進一步！

## 慎重選擇自己的模仿對象

這個競爭激烈的社會，就是一場大型的模仿秀。選對了目標，成功或許指日可待；一旦選錯了，可能就得花更多的時間繞遠路了。

人的成長，往往來自於模仿別人，然後從模仿中慢慢找到自己的風格。我們不難見到越懂得「模仿」訣竅的人，就越容易成爲他所模仿的對象，甚至超越被模仿者。

有一位作家到洛杉磯旅行時，他的美國朋友開車帶著他到處觀光。

當他們來到洛杉磯最著名的高級住宅區比佛利山莊時，看到各式各樣的豪宅，作家忽然問他的美國朋友說：「你看到這麼高級的豪宅，會不會嫉妒住在裡面的那些人？」

美國朋友回答：「當然嫉妒，不過，我嫉妒的是他們能遇到好機會！如果將來我能遇到好機會，我會做得比他們還要好！」

後來，作家到日本去玩，一位日本朋友也帶著作家去參觀高級住宅區。日本的豪宅雖然建築和格局都與美國不同，但是一樣都很漂亮華麗。作家也問了日本朋友同樣的問題：「你會不會嫉妒住在裡面的人？」

日本朋友搖搖頭，回答說：「當然不會！日本人只要見比自己強的人，通常都會主動接近那個人，和他交朋友，向他學習。等到把他的長處學到手之後，再設法超越他。」

惡意的嫉妒是自討苦吃的行爲，只有傻瓜才會嫉妒別人的成功，老是跟自己生悶氣，卻不想如何才能超越對方。

這個看起來競爭激烈的社會，嚴格說起來，就是一場大型的模仿秀。正因爲每個人都在不知不覺中模仿他人，所以如何選擇模仿對象，就成爲一件很重要的事了。

選對了模仿目標，成功或許指日可待；一旦選錯了目標，可能就得花更多的時間繞遠路了。

成不成功靠的不只是運氣，還得好好地選擇自己想模仿的對象，如此一來，不只能讓自己節省不少的力氣，還可以比他人更快地達到目標。

# 有計劃，才能因應變化

計劃是實現夢想的第一步，有了計劃，我們才能開始完成夢想的步驟，並且節省更多時間，減少走向冤枉路的機會。

我們常會說：「計劃永遠趕不上變化」，但是很多人卻誤解了這句話的意思，動不動就將這句話拿來當作藉口，爲自己的沒有計劃做辯護。

其實，這句話只是爲了告訴我們變通的重要性，而不是要我們無所事事或完全放棄「計劃」。

不管做什麼事，一定要先訂定計劃，然後根據實際變化選用對的方法，才能讓效果達到最大。當自己在事業、工作或生活上遇到瓶頸，更必須必須冷靜思考解決的辦法。

一九八四年，東京國際馬拉松邀請賽中，原本名不見經傳的日本選手山田本一，在衆人的意料之外奪得了世界冠軍。

當記者問他是如何自我鍛鍊之時，他只說了一句話：「我是用智慧戰勝對手的。」

當時很多人都認爲山田本一是在故弄玄虛，畢竟馬拉松是憑藉體力和耐力的運動，爆發力和速度都還在其次，只要選手的身體素質好、耐力夠，就有成爲冠軍的希望。

智慧對馬拉松來說會有什麼幫助？

大家都認爲，這個說法實在有些勉強。

兩年後，義大利國際馬拉松邀請賽在義大利的北部城市米蘭舉行。山田本一代表日本參加比賽，並且再度獲得了世界冠軍。

面對山田本一時，記者們再度問到了獲勝的關鍵。

性情木訥的山田本一原來就不善言辭，這次的回答還是和上次一樣：「用智慧戰勝對手」。

這次記者們並沒有在報紙上挖苦他，只是仍然對他所謂智慧的說法還是一頭霧水。

直到十年後，山田本一才在他的自傳中，明白地解釋了他的「智慧」：

「每次比賽前，我都會先把比賽的路線仔細地看一遍，並且把沿途比較醒目的標誌記下來。比如第一個標誌是銀行，第二個標誌是一棵大樹，第三個標誌是一座紅房子……等等，就這樣一直記到賽程的終點。

等到真正比賽時，我會奮力地向第一個目標衝刺，等到達第一個目標後，再用同樣的速度跑向第二個目標。這樣一來，不管多遠的賽程，只要分解成幾個小目標，就可以輕鬆地跑完了。

剛開始時我不明白這個道理，只會把目標定在終點線，結果跑不到十幾公里便疲憊不堪，被前面遙遠的路程給嚇到了。」

澳洲作家伊莉娜．蒙格索斯曾說：「人世間有著許許多多的奇蹟，只要按部就班執行你的計劃，對自己充滿信心，你也可以會創造奇蹟。」

人生未來的旅程就像一場馬拉松競賽，過程也許是不可預知的，也許是充滿困頓的，但是，一個充滿信心而具有遠見的人，會及早擬定自己的人生計劃，以無比堅毅的精神穿越人生的泥沼。

計劃是實現夢想的第一步，有了計劃，才能開始進行完成夢想的步驟。不應該將計劃視爲一種束縛，而是把計劃當成一種規範，再跟著環境的變動逐步的調整與修正。

如此一來，成功的機率絕對比跟無頭蒼蠅一樣到處碰壁還要大得多，而且更能避免許多無謂的冤枉路。

# 困難，都是自己想像出來的

如果你只會在一旁空想，那麼這個世界將會是個被重重「困難」包圍的可怕環境，而你永遠也無法破除困難，往前再進一步！

每個人都知道在完成自己的目標之前，多多少少都會遇到困難，但卻不是每個人碰到困難時都會思考：這個困難，到底算不算是「困難」？

打從瑪麗嫁到這座農場來的時候，那塊石頭就已經在這裡了。石頭的位置剛好位在後院的屋角，而且是一塊形狀怪異、顏色陰暗的怪石。

它的直徑大約一公尺，從屋角的草地裡突出將近兩公分，一不小心，隨時都有可能被它絆倒。

有一次，當瑪麗使用割草機清除後院的雜草時，不小心碰到了石頭，割草機高速運轉的刀片就這樣被碰斷了。

因爲常常造成不便，所以瑪麗就對丈夫說：「能不能想個辦法，把這塊石頭挖走呢？」

「這東西不可能挖起來的。」丈夫這麼回答，瑪麗的公公也表示同意。

「這個石頭埋得很深。」公公對瑪麗說：「從我小時候，這塊石頭就在這裡了，從來沒有人嘗試把它挖起來。」

石頭就這樣繼續留在後院裡。

年復一年，瑪麗的孩子們出生，然後離家；接著是瑪麗的公公去世，到最後，瑪麗的丈夫也去世了。

丈夫的葬禮過後，瑪麗開始打起精神整理房子，這個時候她看見了那塊石頭。

因爲它的關係，周圍的草皮始終無法生長良好。

於是，瑪麗拿出了鐵剷和手推車，下定決心準備花上一整天的時間挖走這塊石頭。沒想到才過了五分鐘，石頭就已經開始鬆動，一下子工夫就被瑪麗給挖出來了。

原來這顆石頭只不過幾十公分深而已，於是，那顆原本每一代人都認定沒辦法移動的石頭，就這樣簡單地被移走了。

美國名牧師弗列特．羅伯林說：「信念可以使人變強，懷疑會麻痺人的活力，所以，一個人對自己的信念就是超強的力量。」

如果瑪麗沒有親自動手去做，關於這塊石頭困難的「神話」，或許也就這麼繼續流傳下去了。

困難到底是不是困難，必須動手去做才會知道。

如果你只會在一旁空想，那麼這個世界對你而言，將會是個被重重「困難」包圍的可怕環境，而你，永遠也無法破除困難，往前再進一步！

# 鋪一條沒有坑洞的康莊大道

不要吝惜在別人需要的時候伸出援手，因為在你伸出援手的同時，也等於為你的人際關係鋪好了一條沒有坑洞的康莊大道。

友誼總是讓人感到愉悅，在群居的人類社會中，友誼就像是生命不可或缺的陽光、空氣和水，適時提供滋養生命的養分。

任何人在遭遇困難時，都希望能有一個堅強的靠山伸出援手。所以，當你爲了自己的人際關係不佳而懊惱時，千萬記得，成爲別人的援手，也是建立良好人際關係的手段。

英國可說是社會福利工作做得最完善的國家之一，但也因爲社會福利的完善，造成英國財政上的許多問題。

所以，一九七九年，素有「鐵娘子」之稱的柴契爾夫人開始擔任英國首相之初，便致力於改革英國的稅賦制度。

她的改革包含了經濟、社會、醫療、社會保障和教育。雖然在改革的過程中產生不少「太過分」的埋怨聲浪，但是不久她便獲得各方奧援，讓英國日趨嚴重的財政赤字問題逐漸好轉。

柴契爾夫人就任之後，爲了樹立改革的榜樣，每天早上六點起床，辦理公務一直到深夜才休息。

她這種兢兢業業、以身作則的精神，不僅獲得英國國民一致的支持，對她的堅毅信念和卓越的領導能力，絕大多數也感到相當佩服以及肯定。

作家約翰．凱勒斯告訴我們：「人與人的互相援助精神，把多數人的心靈結合在一起。由於這種可貴的聯繫，我們的生活才會不斷向前躍進。」

互助精神會使我們和別人在思想上，或是在感情上進行正面的交流，並且在彼此需要的時候相互伸出援手。

不只是國家的元首需要支持，一般人也不能缺乏朋友的支持。因爲，支持代表了別人的看法和評價，一個缺乏朋友支持的人，不要說成功了，就連與人相處都會很辛苦。

不要吝惜在別人需要的時候伸出援手，在你伸出援手的同時，也等於爲你的人際關係鋪好了一條沒有坑洞的康莊大道。

## 從錯誤中迅速進步

犯錯是為了求進步，所以你可以犯許多不同的錯，然後從不同的錯誤中學到不同的經驗和教訓。

成功學大師安東尼・羅賓告訴我們：「一個原本優秀的人，也可能因為怠惰而變得愚昧無知，由於不斷犯錯而沉淪到萬劫不復的程度。」

每個人都有可能犯錯，犯錯其實並不可恥，讓犯錯成爲可恥的方式只有一種：不斷地犯同樣的錯。

王先生在公司裡已經是很資深的員工了，可是，他的職位卻一直沒有提升。雖然他已經待了二十多年，公司的一切事務也都很了解，但依然只是個基層職員而已，對於這個情形，王先生也不知道到底是爲什麼。

這一天，眼看一個進公司還不到一年的新人被提升爲主任，王先生再也忍受不了了，決定去找老闆，問清楚到底爲什麼一直不讓他升級。

王先生開門見山地對老闆說：「我在這家公司已經做了二十年，比你提拔的新人還多了二十年的經驗，爲什麼你寧願升他也不要升我？」

老闆聽完王先生的抱怨，心平氣和地回答道：「你說錯了，其實你只有一年的經驗而已。」

王先生覺得很驚訝，不禁反問老闆：「爲什麼我只有一年的經驗？」

老闆回答：「因爲你沒有從自己的錯誤中學到任何教訓！你到現在都還在犯你第一年剛進公司時會犯的錯。」

莎士比亞曾經寫道：「沒有成功過的人，才會譏笑別人失敗上的傷痕。」

的確，一個人最難堪的事，莫過於無法從過去的失敗中學到成功的經驗，其實，所有成功的人，都是曾經失敗過的過來人，而且，往往因爲經歷過挫折失敗，才更能顯示出最後成功的可貴。

同樣的錯誤，犯第一次時可以原諒，第二次可以當作是不小心，犯第三次就代表你根本不用心！

犯錯是爲了求進步，所以你可以犯許多不同的錯，然後從不同的錯誤中學到不同的經驗和教訓。如此，從錯誤中反而可以學習正面的結果。

如果，你只是一直重複同樣的錯，不只得出的結果是負面，連自己在別人眼中的形象也會成爲負面。

# 踏出實實在在的第一步

「萬事起頭難」，做任何事，最困難的往往就是那第一步，只要能跨出第一步，接著就只要一步一步地走下去就可以了。

任何成功的事物，一開始都是微不足道的，就跟小孩子慢慢長大成人一樣，沒有人能省略這個過程。

如果硬是妄想一步登天，那麼結果若不是摔得很慘，便可能是一敗塗地、永無翻身的機會了。

國外媒體曾經有過這麼一個百萬富翁的報導。

這名富翁原本是一個乞丐，他的財富都是靠別人的施捨得來的。寫這篇報導的記者剛開始非常懷疑，一個每天依靠人們施捨的人，怎麼可能擁這樣鉅額的存款？

經過查證後，記者才發現，原來這些存款都是乞丐每天乞討得來的。他把零錢慢慢累積起來，從一分錢到一塊錢，接著十塊錢、一百塊錢，一直到一百萬。

金氏世界紀錄上曾經有一位六十三歲的老婦人，徒步從紐約走到佛羅里達州邁阿密的紀錄。

老婦人長途跋涉，克服了重重困難終於到達了邁阿密，有位記者去採訪老婦人，想知道她到底是如何鼓起勇氣，決定徒步旅行的，問她難道她不認爲這是一件既辛苦又困難的事嗎？

老婦人微笑地回答記者說：「走這麼遠的路的確是需要勇氣的，可是走一步路卻不需要任何勇氣也可以辦得到。我就是抱持著這種心態，把很遠的路當成一步一步來走，就這樣，現在的我才能站在這裡。」

「萬事起頭難」，做任何事，最困難的往往就是那第一步，只要能跨出第一步，接著就只要一步一步地走下去就可以了。

但是，如果第一次步跨得太大，那麼後來不是因爲筋疲力盡而放棄，就是因爲摔得傷痕累累，心生膽怯而放棄。

所以，在跨出第一步的時候，別心急，也不要貪心，實實在在地踏出第一步，那麼後來的步伐才能更穩健，也才可以避免半途而廢的遺憾發生。

# 生命，經不起無謂的浪費

人的生命是有限的，經不起無謂的浪費，只要你能把握生命中的每一秒，那麼你的目標也就離你不遠了。

曾經有一個這樣的笑話。

某甲的錢包被偷了，爲了追回錢包，便死命地追著小偷不放。

某甲很生氣地邊追邊想：「我就不相信我跑不過你！」

於是，他卯足了勁，全力地往前跑。等到他終於追上時，沒想到某甲竟然只記得要跑贏小偷，而忘了追回錢包，仍然繼續地一直往前跑！

當我們整天只知道像陀螺一樣地忙忙碌碌，卻忘了既定的生活目標時，這種行爲不也和那個忘了小偷，只顧著向前跑的某甲一樣嗎？

某位女作家之所以能有這麼豐富的作品產量，完全得力於她可以理智地限制自己。

她出過幾十本書，作品風靡華文世界，讓人難以想像的是，這位既擔任教職，又有三個孩子的作家，怎麼還能有如此旺盛的精力和時間來創作。

原來，她不看電視，也不看電影，平常更不逛街、不應酬，每天一下班就立即回家，將自己「囚禁」起來，開始寫作。

她自己說：「一進家門，我便把自己變成一隻蜘蛛。文字是絲，我用絲來織網，勤奮苦心地織，有一種快樂絕頂的感覺。在整個編織的過程中，我用我的耐性和韌性，將千條萬縷的細絲，織成疏密有致的網；然後，我再以我的感情和經驗，爲這個網的雛形設計獨特的圖案。」

有人因此評論說：「她既是編織美麗文字之網的作家，也是一個不斷吮吸知識甘泉的讀書狂。她像蠶一樣發狂地呑食，再努力地消化。」

這種專注的能力，使她成爲一個不容易向現實低頭的人，也因此能在文字殿堂中，獲得令人激賞的成績。

科學家居禮夫人告訴我們，如果我們想要過著充實而有意義的生活，就一定要克制自己的惰性，養成充分運用時間的習慣，過完一天之後對自己說：「我已經做完今天應該做的事了。」

限制自己，其實是一種非常勇敢的行爲！

因爲它不僅能測試一個人的意志力，還能表現出一個人是否能充分地運用時間。

如果你充滿理想，並且渴望成功，那麼，嘗試向自己的「自制力」挑戰吧！

人的生命是有限的，經不起無謂的浪費，只要你能把握生命中的每一秒，那麼你的目標也就離你不遠了。

# PART 10

# 換個角度，就會更加突出

樂觀的人，

可以在每個憂患中看到機會；

但悲觀的人，

卻只能在每個機會中只看到憂患。

# 生活處處見智慧，知識時時可積累

學習不僅來自書本，除了讀有字的書，也要讀無字的書。從生活中去吸取經驗，才能讓自己的視野更寬廣。

希臘哲學家柏拉圖曾經說過一句名言：「知識是塑造高等人類的要素。」許多偉大事情的完成，都以擁有知識爲根本，知識的累積則是學問結成的果實。學問是永遠不停止的進步與學習，任何人只要有一顆眞誠願意學習的心，那麼他的天賦跟偉大的人其實沒有什麼差別。

學習，就像耕田一樣，不管原本的土壤有多麼肥沃，如果不去翻土、播種，不勤於耕種，就不會有收成的一天。

每個人都需要學習，從學習中才能得到更多東西，改變自己的命運。

迪士尼樂園設計師之一——世界級建築師格羅培斯，當年在迪士尼樂園即將開放前，仍然沒有替各景點間的銜接道路想出一個具體的方案，那時他心裡十分焦急，深怕趕不及開幕時間。

當時，巴黎正好舉辦慶典活動，當活動結束後，煩惱不已的他決定到鄉間走走，放鬆情緒，看看能不能找出靈感來。司機駕著車開往地中海，格羅培斯一路上看著汪洋的海景，腦裡仍是一片空白。

汽車開入法國南部的鄉間公路，道路兩旁滿佈的葡萄園，是當地農民賴以維生的農作。一路上空空蕩蕩，只有一片又一片的果園。當車子彎進一座小山谷時，出現在眼前的是一輛輛停在路旁的汽車，而且爲數不少，格羅培斯感到很好奇，請司機停下車來，並走上前探究原因。

原來，一群人在這裡下車是爲了一座無人看守的果園。

這座果園的主人是一位老太太，因爲年事已高，無力處理水果買賣事宜，因而在路邊放置一個小箱子，並豎立一個牌子，上面寫著：「只要投入五法郎，你就可以帶走一籃葡萄。」

沒想到這方法卻吸引了很多人前來，因爲遊客一方面可以選擇自己要哪一串葡萄，另一方面又可以享受田園之樂，於是在這條綿延百里的葡萄產區，老太太的葡萄總是最早賣完的。

格羅培斯在箱子裡投入了五法郎，走進葡萄園，挽起袖子，開心地摘了一串又一串的葡萄，葡萄裝滿一籃後，才心滿意足地離去。

一回到住所，格羅培斯馬上拍了一封電報給迪士尼樂園的施工單位：「灑上草種，提前開放。」

原本預定半年後才開放的迪士尼樂園開始營業，這會兒讓大家都摸不著頭緒，原本還在日夜趕工擔心會趕不上開幕，如今不知何故卻提早結束工程？格羅培斯笑笑地告訴大家，他有自己的考量。

半年後，草地上被踩出許多小徑來，這些小徑有寬有窄，有大有小，自然地遍佈在園區裡。第二年，格羅培斯要工人按照這些踩出來的痕跡鋪設人行道。一九七一年在倫敦國際園林建築藝術研討會上，迪士尼樂園的路徑設計被評爲世界最佳設計。

這位世界級的設計師從一位經營果園的老婆婆身上得到靈感，學習她面對困境時的態度，改變買賣方式來解決難題。

學習不僅來自書本，除了讀有字的書，也要讀無字的書，從生活中去吸取經驗，才能讓自己的視野更寬廣。

人生下來，再簡單的動作都需要經過學習與模仿。學習是終生的，並不會因爲離開校園而停止。不過，學習之時必須心態柔軟，學習之後必須靈活運用；如果光讀死書，卻不會活用學問，那麼一個書呆子比愚人還不如。

我們要立志當一個乾燥的海綿，努力吸收學問，積極充實自己，才能讓自己的人生更加飽滿、圓融。

# 限制，都是自己造成的

也許本來很簡單的事，都因為先在心中設置了障礙，才會讓事情越來越複雜，也限制了自己的發展。

人們總是習慣用外表或是既定的印象來評斷事物，就像想到「夏天」，就會聯想到炎熱，想到「複雜」，便會想到「困難」。其實，這些都是我們自己訂下的標準或印象。

因此，在眞正嘗試之前，何不把自己放空，用單純客觀的角度加以判斷呢？

說不定，許多的「麻煩事」，在這種「無預設」的心態下，便可以輕輕鬆鬆地解決了。

魔術大師胡迪尼最令人津津樂道的表演，就是他能在很短的時間內打開非常複雜的鎖，而且從來沒有失手過。

他爲自己訂下一個目標：六十分鐘之內，一定要從任何鎖中掙脫出來。不過，條件是必須讓他穿著自己特製的衣服進去，而且不能有人在旁邊觀看。

有一個英國小鎮的居民，決定向胡迪尼挑戰。他們製造了一個特別堅固的鐵牢，還配上一把非常複雜的鎖，然後請胡迪尼來挑戰，看看他能不能順利地從這個鐵牢中脫身。

胡迪尼接受了這個挑戰。他穿上了特製的衣服走進鐵牢，所有的居民都遵守規定，不去看他如何開鎖。

胡迪尼從衣服裡拿出工具開鎖，但是，時間一分一秒地過去了，他卻打不開鐵牢，頭上開始冒汗。終於，一個小時過去了，胡迪尼還是聽不到期待中鎖簧彈開的聲音，他精疲力盡地靠著門坐下來，結果牢門竟然順勢而開。

原來，這個牢門根本沒有上鎖！那把看似複雜的鎖原來只是個模型，誰也沒想到，一向有「逃生專家」美譽的胡迪尼，竟然被一把根本沒有「鎖」的鎖弄得動彈不得。

法國哲學家拉羅什富科曾說：「戰勝別人，不如打敗自己，因為，最可怕的敵人，就藏在自己的心中！」

許多的限制或障礙，其實都是自己造成的。因爲，遇到事情時，我們首先想的，通常不是該怎麼面對，而是如何才能繞過；當問題發生時，直覺反應一定是先找藉口，而不是如何解決，總是等到眞的逼不得已的時候，才會動腦筋思考解決的方法。

殊不見，許多本來很簡單的事，都因爲我們先在心中設置了障礙，才會讓事情越來越複雜，也限制了自己的發展。

# 別繼續當個自暴自棄的傻瓜

回頭需要無比的勇氣，也許我們無法在第一時間回頭，但是只要願意，重新出發是永遠都不嫌晚的。

不管你過去多麼墮落或消沉，不管以前日子多麼難過，只要你願意改變，就一定來得及。

就算你曾經對不起很多人，無法獲得別人諒解，但是在你回頭的時候，你至少開始對得起自己。

吉姆從小就不是一個乖孩子，偷東西、打架樣樣都來，久而久之，他的人生離正途越來越遠。

剛開始時，吉姆一點都不會感到內疚，但是隨著犯罪的次數越來越多、越來越頻繁，他積累的內疚感也越來越深。終於，這種掙扎的情緒讓他在一次持槍搶劫的行動中失手，被抓進了監獄。

吉姆在監獄裡，下定決心要重新做人。從監獄獲釋後，吉姆結了婚，搬到了加州，並且開了一家從事電子諮詢的小店。

可是好景不常，有一天一個陌生人來找吉姆，要吉姆用電子裝置協助自己犯罪。龐大的利潤吸引了吉姆，就這樣，他又開始了犯罪生涯。

吉姆變得很富有，錢似乎多得花不完，而這個情況也讓他的妻子開始產生懷疑。妻子想知道這些錢的來源，但是吉姆不肯說，兩人因此大吵了一架，於是吉姆煩悶地走出家門，在街上無意識地到處遊蕩。

走著走著，吉姆不知不覺地走到公園。他看到公園裡有很多人聚集，一時好奇，便跟著擠進人群中。原來是牧師在佈道，才聽了不久，吉姆便感到十分煩躁不安，因爲他覺得牧師似乎是在跟他講話。

聽完了牧師的講道之後，吉姆決定向警方自首。

現在的吉姆，經常在全國各地進行演說，將自己的經歷說給每一個人聽，特別是他決心自首那天的情況。每次說到這裡，他都會這麼形容：「我找到了回頭的勇氣。」

人在徬徨迷惑的境遇中，最容易懷疑自己存在的價值，正因爲胸臆中充滿懷疑，往往不懂得珍惜自己。

這時，唯有調整好自己的心態，客觀審視自己，永遠懷抱希望，才有助於自己走好往後的人生旅程。

決心和意志力可以改變一個人，這是大家都明白的道理，但卻不是每個人都可以做到的事情。

尤其是遇到失敗或挫折的時候，怨天尤人的人，永遠比重新再來的人還要多得多。

回頭需要無比的勇氣，也許我們無法在第一時間回頭，但是只要願意，重新出發是永遠都不嫌晚的。只要肯下定決心，美好的人生仍然會在你前進的路上等著你！

記住，千萬別繼續當個自暴自棄的傻瓜。

# 承認犯錯，才有機會補救

發現自己發生錯誤時，補救遠比掩飾犯錯還重要！只要你不隱瞞錯誤，這個錯誤不但可以彌補，說不定結果還會比沒犯錯時更好。

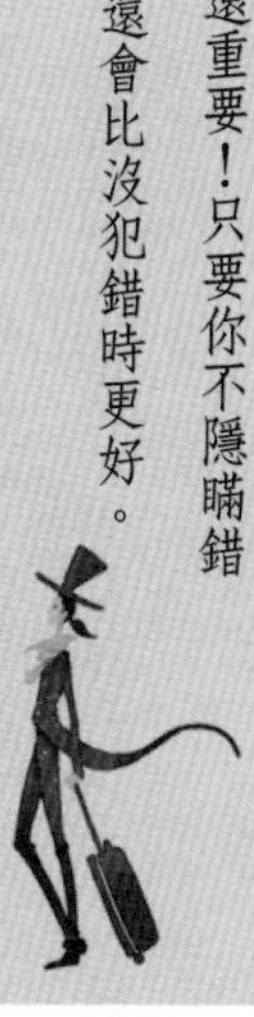

人人都會犯錯，不管多成功的人，在成功的絢麗光環背後，一定也有一連串的錯誤經驗。

犯錯不是件可怕的事，唯一可怕的地方，在於「隱瞞」錯誤，因爲，隱瞞的結果，往往比所犯的錯誤還要嚴重得多。

格里在西爾公司當採購員時，曾經犯下了一個很大的錯誤。

該公司對採購業務有一項非常重要的規定：採購員不可以超支自己的採購配額！如果採購員的配額用完了，那麼便不能採購新的商品，要等到配額撥下後才能進行採購。

在某次採購季節中，有一位日本廠商向格里展示了一款很漂亮的手提包。格里身爲採購員，以他的專業眼光來看，認爲這款手提包一定會成爲流行商品。可是，這時格里的配額已經用完了，他突然後悔起自己之前不應該衝動地把所有的配額用光，導致現在無法抓住這個大好機會。

格里知道現在只有兩種選擇：一是放棄這筆交易，雖然這筆交易肯定會給公司帶來極高的利潤；二是向公司主管承認自己的錯誤，然後請求追採購金額。格里決定選擇第二種方法，一進主管的辦公室，就對主管坦承：「很抱歉，我犯了個大錯。」然後將事情從頭到尾解釋了一遍。

雖然主管對格里花錢不眨眼採購方式頗有微詞，但還是被他的坦誠說服了，並且撥出需要的款項。

結果手提包一上市，果然受到民衆熱烈的歡迎，成爲公司的暢銷商品，而格里也因爲這次的超支學到了教訓，並且從中獲得寶貴的經驗。

英國作家斯威夫特說：「不願正視自己錯誤的人，是最嚴重的盲人。」錯誤發生的時候像刺蝟一樣防衛，只會自討苦吃；坦然承認自己的缺失，才有機會快速彌補，讓自己贏得更多讚賞。

當你發現自己發生錯誤時，補救遠比掩飾犯錯還重要！只要你不隱瞞自己的錯誤，這個錯誤不但可以彌補，說不定最後的結果還會比沒犯錯時更好。

一旦犯了錯，就要有承擔責備的心理準備，因爲自己做錯了，如果因爲害怕被責備而不願意承認錯誤，那結果就不僅僅是「責備」那麼簡單了。

# 你有沒有成功的勇氣？

充分了解自己是掌握成敗的關鍵，只要能針對自己的缺點改進，原本不屬於你的成功特質，也會逐漸成為你個性的一部分。

成功需要具備許多特質，儘管這些特質並不一定都是與生俱來，但卻是可以靠後天培養的。

其中，最難培養的就是「勇氣」，因爲勇氣是邁往成功的第一步，沒有了勇氣，那麼任何事情都無法完成。

莫瑞兒．西伯特常被尊稱爲「金融界的第一女士」，因爲她在紐約的證券交易所裡擁有席位，並且是第一個在交易所擁有席位的女性。而她位於紐約的莫瑞兒．西伯特公司，也是全美最成功的經紀公司之一。

西伯特從小就希望擁有自己的事業，所以從俄亥俄州到紐約來打天下，而剛到紐約的時候，全身的財產只有牛仔褲裡的五百美元。

她在紐約的第一份工作，是在一家經紀公司當一名周薪六十五美元的實習研究員。有一天，西伯特接到一個好消息，一家她曾經寫過報告的公司來電，告訴她因爲她寫的產業分析報告，使他們公司賺了一筆錢。就這樣，西伯特得到了她生平第一份公司訂單。

從此，西伯特的業績開始蒸蒸日上，不過，她並不因此而滿足；她一直努力想爭取一家大型經紀公司的合夥資格，但卻因爲自己女性的身分而遭到對方拒絕。

這個打擊讓西伯特明白了一件事：想要在這個男性掌權的環境中生存下去，就必須創立自己的事業。

雖然，當時她連租一個辦公室的資金都湊不出來，只能把別家公司提供的小角落充當辦公室，但她還是決心要放手一搏。

莫瑞兒．西伯特就在這個臨時辦公室裡展開了她的事業。結果，在六個月之內，西伯特就搬出了這個簡陋的辦公室，搬進屬於她自己的辦公室。而且，經過不斷地奮鬥之後，莫瑞兒．西伯特終於成功地建立了頗具規模的企業。

其實，一個人的成功往往不在於擁有什麼超越常人的能力，而在於制定目標、實踐目標的勇氣與毅力。

在訂定奮鬥目標之前，一定要先徹底了解自己有沒有充足的準備，並且反覆地檢討自己的優缺點，因爲，未經深思熟慮，貿然的行動，只會讓自己陷入不必要的麻煩中。

奮鬥的過程中，充分了解自己的個性是掌握成敗的關鍵，只要能針對自己的缺點改進，那麼原本不屬於你的成功特質，也會在不斷地努力後，逐漸成爲你個性的一部分。

# 換個角度，就會更加突出

樂觀的人，可以在每個憂患中看到機會；但悲觀的人，卻只能在每個機會中只看到憂患。

有人說，人生就是一個龐大的市場，每個人都可以在那裡販賣自己的商品，但是，通常只有看出市場潛力的人才會是最後的大贏家。

市場不僅是由消費者組成的，還包括了這些消費者的需求。有需要，才會購買，所以只要掌握了消費者需求，就一定有辦法創造商機。

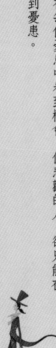

有一位老人對他的兩個兒子說：「你們的年紀也不小了，也該到外面去見見世面了，等你們磨練夠了之後，再回來見我吧！」

於是兩個兒子遵從父親的囑咐，離開家鄉到城市裡開開眼界。沒想到才過了幾天，大兒子就回家了。

老人看到大兒子垂頭喪氣回來，有些驚訝地問：「怎麼回事？你怎麼這麼快就回來了呢？」

大兒子很沮喪地回答：「爸爸，你不知道，城市的物價實在高得太可怕了！連喝水都必須花錢買，在那種到處都得花錢的地方怎麼生活得下去呢？賺的錢都還沒有花的多呢。」

過了幾天，二兒子打了一通電話回來，興奮地對父親說：「爸爸，城市裡到處都是賺錢的好機會！連我們平常喝的水都可以賣錢！我決定留在這裡好好地開創一番事業。」

過了幾年之後，因爲二兒子看準了城市中飲用水的商機，並且掌握了大部分礦泉水和蒸餾水的行銷管道，很快地佔領了水的市場，成爲數一數二的富豪。

由於生長環境和價值觀念不同，每個人行事風格不同，觀看事物的角度也不同，因此同樣一件事，往往有著不同的解讀。

任何地方都會有市場存在，都暗藏著成功的契機，只是你能不能看到這個市場的潛在需求到底在哪裡。

有句俗話說：「樂觀的人，可以在每個憂患中看到機會；但悲觀的人，卻只能在每個機會中只看到憂患。」

生命中的契機是無所不在的，只要換個角度、換個心態，你就能看到別人所看不見的機會，掌握需求，你就可以異軍突起。

# 不要遭到反駁就退縮

想要讓別人了解自己，就必須讓對方明白自己的想法，不要擔心反駁或質疑，只有反駁和質疑才能讓原來想法中的瑕疵消失。

對於事物，每個人都有自己的看法或意見，但卻不是每個人都「敢」表達自己的想法或意見。

要是你連自己的想法都不敢說出口，那麼你如何有勇氣面對困難，如何能創造機會，進入成功的殿堂？

有一個學生考上了英國牛津大學的博士班，但是這個學生卻在參加口試的時候，因爲教授質疑她的研究計劃，而和教授展開激烈的辯論。

教授大聲地說：「妳的研究計劃包含了不下十個錯誤，根本就不是一個合格的研究計劃！」

學生也不甘示弱地反駁教授：「這只能表示我的研究計劃不成熟，並不表示這個計劃不合格！而且，如果您能接受我成爲您的學生，我有信心，一定可以把這個計劃執行得盡善盡美。」

教授很生氣地說：「難道妳要我指導一個反對我理論的學生嗎？」

學生回答：「坦白說，教授，我就是這麼想的。」

口試結束後，學生心想：「牛津大學應該不會錄取我了。」於是垂頭喪氣地坐在門外等候通知。

沒想到，助教在宣佈錄取名單之時，竟然出現了這個學生的名字。

名單宣佈完後，教授走出面試室，當著衆人的面對她說：「孩子，雖然妳罵了我半個小時，但是最後我還是決定錄取妳。我要妳在我的指導下反對我的理論，這樣一來，如果事實證明妳是錯的，我會很高興；如果證明妳是對的，我會更高興。」

德國心理學家馬克·拉莫斯曾經提醒我們：「不管贊成或者是反對某件事，兩種意見總是會有大量的理由。語言的藝術就在於你如何充分地表達，但是百分之九十九的人，卻經常忽略說話的重要性。」

想要使事情朝自己期望的方向發展，有時必須條理分明地據理力爭。

想要讓別人了解自己，首先就必須讓對方明白自己的想法。

不要擔心別人的反駁或質疑，因爲人生就是不斷精進的過程，只有反駁和質疑才能讓原來想法中的瑕疵消失。

而且，就算說明想法之後還是無法得到認同，至少你努力過，也證明了你不是個遇到困難就退縮的人。

# PART 11

# 節制，是邁向成功的第一步

如果你想成功，就必須懂得控制自己、
懂得抗拒誘惑，那麼你才能循著自己的目標，
獲得理想的成果。

# 越保守的人，收穫越多

得到一樣東西之後，往往又會想要更多，慾望無窮，但是得到的卻沒有更多，反而把原本握在手上的，拱手讓給了別人。

法國文豪巴爾札克在在《三十歲的女人》一書中寫道：「大凡失足犯錯，都是因為錯誤的推理和過度貪欲造成的。」

確實如此，認爲自己擁有絕佳的運氣，失去理性的錯誤判斷，任由慾望過度膨脹，最容易使人迷失。

不論是做人處世或是投資理財，都應該謹守中庸之道，適可而止，才能讓自己處於不敗之地。否則，到最後就會淪爲「一無所有」的大傻瓜。

有一對新婚夫妻到拉斯維加斯度蜜月，不到三天，好賭成性的新郎就已經輸掉了一千美元。

這天，新郎又輸了，非常懊惱地回到房間。這時候，新郎看到梳妝台上有個閃亮亮的東西，好奇地上前一看，原來是他的妻子爲了當紀念而留下的五塊錢籌碼，而籌碼上的號碼「十七」正在閃閃發光。

新郎覺得這是個好兆頭，於是興高采烈地拿著這個五塊錢籌碼跑到樓下的輪盤賭台，準備用這個五塊錢籌碼押在「十七」號！

不知道是哪裡來的好運，輪盤的小球居然正好落在「十七」這個數字上！新郎就這樣贏了一百七十五塊美元。

新郎高興得不得了，把贏來的錢繼續押在「十七」號上，結果居然又中了！新郎的好手氣就這樣一直持續著，最後他竟然贏了七百五十萬美元！

這時的他已經是欲罷不能了，賭場的經理終於出面對新郎說，如果他再繼續賭下去的話，賭場可能沒有辦法再賠他錢了。

這個新郎想乘勝追擊，於是叫了部計程車，直奔市區另一家財力更雄厚的賭場。他樂昏了頭，把贏來的七百五十萬全部孤注一擲地押在「十七」號上，結果輪盤的小球方向一偏，最後停在「十八」號上。

就這樣一號之差，他一輩子都賺不到的天大財富，轉眼間便輸得一乾二淨了。最後，他身上一毛錢都沒有，只好垂頭喪氣地走回旅館。

他一進房間，妻子就問他：「你到哪裡去了？」

「我去賭輪盤。」他說。

「手氣怎麼樣？」妻子好奇地問。

「還好，我只輸了五塊錢。」

美國作家海爾曼曾經這麼說：「有一天，當你發現自己的失敗都是自己的貪慾造成的，而非源於意外、時間或命運，那是多麼悲哀的事。」

貪婪是一面鏡子，映照我們內心的醜陋，顯現在我們的臉上。

其實，這位新郎原本可以成爲七百五十萬美元的主人，但是他的貪心，卻讓他成了「只輸了五塊錢」的過路財神。

我們或許都曾有這樣的經驗，但是機會來臨之時我們沒有好好把握，又太過於相信自己的運氣，最後落得一場空。

得到一樣東西之後，往往又會想要更多，人的慾望無窮，但是得到的卻沒有更多，反而把原本握在手上的，拱手讓給了別人。

如果你已經掌握了些什麼，請你好好把握，或許從這些資源中，你反而能得到更多意想不到的收穫！

在經濟不景氣，物價又不斷飆高漲的年代，如果不想讓自己淪爲赤貧階級，那麼從現在開始，就得適度地修正自己的態度，才不會總是爲了生活苦惱。

# 批評你的人，不一定是壞人

如果沒有勇氣面對外在的批評或打擊，那麼怎麼能夠從競爭激烈的環境中脫穎而出呢？

沒有人喜歡被批評，無論是私底下或是公開場合，被別人批評總是一件令人難堪的事。

可是，批評無疑是一個人精益求精的動力，如果你的周圍沒有一個人批評過你，這並不表示你就是個優秀的人，而是說明你根本不值得批評，或者是一個脾氣大的傻瓜，沒有接受批評的雅量而已。

艾列克在大學主修音樂，每天練習超過八個小時，同學們都對他這種對音樂的執著感到相當佩服；由於在校的成績相當優異，畢業之後，如願以償地申請到獎學金繼續深造。

過了一段時間之後，艾列克的大學同學偶然在路上遇見他，發現整個人都變了，從以往的神采飛揚，變得十分低沉消極。原來，艾列克雖然申請到最好的音樂學院的獎學金，但是只讀了八個月就輟學了。

他之所以決定輟學，主要原因是音樂學院的環境和大學不同，聽他演奏的並不是一般人，而是擁有專業音樂素養的精英，同時還得接受各種不同的批評。

這些批評有的很中肯，有的卻是惡意中傷。艾列克沒有辦法承受這種種的批評，於是他開始一蹶不振。

艾列克非常沮喪，不管親朋好友怎麼勸導，都無法讓他釋懷。

後來，艾列克決定回大學去拿教育學位，改行當音樂老師。但是，他已經對音樂失去信心，當了老師，同樣不熱衷於教學，慢慢地，就這樣放棄原本深愛的音樂了。

作家英格麗曾經寫道：「如果我將別人對我的閒言閒語都放在心上，那麼我就不可能擁有現在的成就。」

我們無法阻止別人批評自己，對於善意的批評，理當虛心接納，對於惡意中傷，大可不璧放在心上。

作家孚希特萬格曾說：「只有傻子才會對照出自己容貌的鏡子生氣。」這番話告訴我們，面對別人的批評，先按捺住情緒，勇敢檢討自己所有的缺失，才是明智之舉，才是邁向成功之道。

由於沒有接受批評的勇氣，所以艾列克放棄了自己的夢想。由此可見，要成爲一名成功人物，除了立定目標之外，勇氣也是不可或缺的條件，如果沒有勇氣面對外在的批評或打擊，那麼怎麼能夠從競爭激烈的環境中脫穎而出呢？

## 節制，是邁向成功的第一步

如果你想成功，就必須懂得控制自己、懂得抗拒誘惑，那麼你才能循著自己的目標，獲得理想的成果。

在別人面前，人總是想展現最完美的一面，但是無法自我控制的人，一受到外物影響，就會暴露出本來的心性。

「節制」兩個字說來容易，做起來卻很難，有時候就算已提醒自己要節制，但還是會不由自主地被外在環境誘惑。

有一個商人，在商店的櫥窗上貼了一張徵人廣告：「誠徵一個能自我克制的年輕人，薪水每星期六十美元。」

這個特別的徵人廣告在小鎮裡引起了討論，也引來了衆多躍躍欲試的求職者，但是每個來求職的人都要經過一個特別的考試。

商人要求求職者必須在他的辦公室裡，毫不間斷地朗讀一段文章。可是，在閱讀開始的時候，商人會放出六隻小狗，小狗們在求職者的腳邊玩鬧，每個求職者都會忍不住地看看這些可愛的的小狗，視線一轉移，朗讀就會停止，當然求職者也就失去了機會了。

商人前前後後面試了七十個人，卻沒有一個人達到標準。最後，終於出現了能一口氣讀完的求職者。

商人很高興地對這位求職者說：「我想，你應該知道有小狗存在。」

求職者點點頭，並且微微一笑。

「那麼，爲什麼你不看牠們？」

求職者回答：「因爲我說過，我會毫不停頓地讀完這一段。」

商人讚賞地點點頭說：「你錄取了。我相信你以後一定會成功的。」

商人說得沒錯，這個年輕人日後果然成爲了著名連鎖企業的經營者。

英國哲學家羅素曾說：「一個人越不懂得控制自己的人，越是察覺不出自己傷害了別人，也傷害了自己，因為眼前的事物蒙住了他的眼睛。」

我們經常可以看到打架鬧事、酒醉駕車等醜態百出的新聞，這些都是因爲不懂得節制才會造成的後果。

一個知道節制的人不會做出越矩的事，更不會因爲一時的誘惑而破壞原本的計劃。

所以，如果你想成功，首先就必須懂得控制自己、懂得抗拒誘惑，如此才能循著自己的目標，獲得理想的成果。

# 藉口，只會證明你的懦弱

在一個沒有勇氣嘗試的人眼中，做任何事情都是危險的，只有願意嘗試的人，才能從危險中看出樂趣所在。

當一個人不願意做某件事的時候，任何稀奇古怪的藉口都會出現；而這些各式各樣的藉口，其實都是爲了隱藏自己沒有勇氣接受挑戰的心。

湯姆斯住在英格蘭的一個小鎮上，從來沒有看過海。有一天，他終於來到海邊，可是那天因爲天氣的關係，海面上波濤洶湧，並且籠罩著大霧。

看到這個情形，湯姆斯心想：「幸好我不是水手，當水手眞是太危險了。」

後來，湯姆斯在岸邊遇到一個水手，兩個人開始交談起來。湯姆斯不解地問：「你爲什麼會喜愛大海呢？海水那麼冷，而且還瀰漫著大霧。」

水手回答：「海不是每天都這樣的，它也有美麗的時候。」

湯姆斯又問：「可是，當水手不是很危險嗎？」

水手耐心地解釋：「當一個人熱愛他的工作時，是不會想到危險的，而且我們家每一個人都愛海。」

湯姆斯很好奇地問：「那你的家人呢？」

水手回答：「我的祖父、父親和哥哥都是水手，而且都因爲在海上發生意外而過世了。」

湯姆斯同情地說：「如果我是你，我一輩子都不會靠近海。」

水手聽了這話，反問湯姆斯：「那你願不願意告訴我，你的父親和祖父到底是在哪裡過世的？」

湯姆斯回答：「他們都是在家裡斷氣的。」

「喔？按照你的說法，如果我是你的話，」水手說：「我是不是應該永遠也不要回家了？」

古羅馬思想家賀拉斯曾經這麼寫道：「沒有勇氣超越自己的人，永遠享受不到真正的成功滋味。」

的確，成功者和失敗者最大的差別，其實就在於成功者從不找藉口，他們只會用行動戰勝自己的懦弱。

在一個沒有勇氣嘗試的人眼中，做任何事情都是危險的，只有願意嘗試的人，才能從危險中看出樂趣所在。

如果你眞的不願意勇往直前，不妨直接承認，不要假借各種藉口。藉口越多，只不過越證明你的懦弱而已，坦率的承認，還比較光明磊落，也比較能得到他人的認同。

# 適時切斷自己的慾望

只有聰明的人，才懂得在適當的時候切斷自己的慾望，而且只有適時地切斷自己的慾望，你才能達成更多的願望。

每個人都會有慾望，不論是名還是利，總是希望越多越好。

雖然慾望是讓人奮發向上、勇往直前的動力，但是得適可而止，慾望要是太超過，就會變成貪婪。如果什麼都想要，貪得無饜的結果，反而會讓自己落得什麼都沒有的下場。

有一個神仙下凡間遊的時候，正好遇見一個凡人在趕路，於是便與這個凡人結伴同行。

凡人走到一半時突然覺得口渴，想找點水喝。

他並不知道旁邊的同伴是神仙，只看見這位同伴的腰間掛著一個葫蘆，於是便開口問道：「你的葫蘆裡面有沒有裝水？」

神仙慷慨地解下腰間的葫蘆，遞給凡人說：「這裡有滿滿一葫蘆的水，你要喝就儘管喝吧！」

凡人喝了葫蘆裡的水之後，不但止了渴，還覺得精神百倍，連日趕路的疲勞似乎都消除了。

又走了一會兒，凡人突然異想天開地看著葫蘆說：「要是你的葫蘆裡裝的是酒，不知該有多好！」

神仙笑了笑，又把葫蘆遞給了凡人，說道：「裡面是滿滿一葫蘆的酒！你想喝就喝吧！」

凡人半信半疑地接過葫蘆，一喝之下，發現裡面的水竟然都變成了酒，而且香醇無比。

凡人非常驚訝，心裡暗自想道，自己一定是遇上神仙了，不然怎麼可能要什麼有什麼呢？

凡人發覺了這一點，很高興地對神仙說：「你的葫蘆裡要是裝著可以長生不老的仙丹，該有多好！」

神仙聽了凡人的話，便笑著打開葫蘆的塞子。凡人以爲神仙要把仙丹倒進自己的口中，於是便張開嘴等著接，沒想到神仙什麼也沒有倒出來，只是搖了搖葫蘆，就這麼消失蹤影了。

法國文豪雨果曾在《笑面人》裡寫道：「仔細研究一下我們一切的慾望，我們會發現，幾乎所有的慾望都包含著難以啟齒的內容。」

難以啓齒的慾望通常是負面的、猥瑣的，既然這麼難以啓齒，那就即時切斷這種不當的想望吧！

只有聰明的人，才懂得在適當的時候切斷自己的慾望。

當然，所謂的切斷，並不表示你必須就此放棄一切想望，而是要你換個恰當的方法來達到目的。

就像故事中的凡人，如果不是那麼急躁地要得到長生不死的仙丹，神仙也不會覺得他貪得無饜，這麼快地消失。

做事時也是如此，循序漸進一定比毛毛躁躁來得穩當，只有適時切斷自己的慾望，你才能達成更多的願望。

# 分享的果實，格外甜美

懂得感恩的人，才能得到真正的肯定和讚美；學習和他人分享成功，那麼成功的果實才會加倍甜美！

在今天這種以利己爲優先的現代社會，不只付出之時得斤斤計較，甚至還會以利害的有無，來區分彼此間的關係。

如果，每個人都吝於付出和分享的話，那麼我們如何能得到別人的幫助？我們又怎麼能獲得分享的喜悅呢？

十五世紀時，紐倫堡附近的一個小村莊裡，住著一戶姓杜勒的人家。這戶人家有十八個孩子，所以當金匠的父親幾乎得不眠不休地工作，才能勉強讓全家人獲得溫飽。

儘管家境如此貧困，但是杜勒家最年長的兩兄弟卻都渴望當個藝術家。當然，他們都很清楚，父親在經濟上絕對沒有辦法供應他們到紐倫堡的藝術學校去學畫，想要學畫，他們兩個人只能靠自己想辦法。

兄弟兩人經過無數次的討論之後，最後選擇以擲硬幣的方式來決定誰先去學畫。他們是這麼計劃的：輸的人要到礦場去工作四年，用他的收入供給到紐倫堡上學的兄弟；而獲勝的人則可以在紐倫堡讀四年書，然後再用他賣出作品的收入，支持另外一個兄弟上學。

在一個星期天，做完禮拜之後，兄弟兩人擲了硬幣，結果是阿爾勃勒希特贏了。於是，阿爾勃勒希特便高高興興地離家到紐倫堡上學，另一個兄弟艾伯特則先到礦坑去工作，並且往後的四年都必須資助阿爾勃勒希特。

阿爾勃勒希特的才華很快地便引起了人們的注意，從紐倫堡大學畢業時，他的作品已經帶來了相當可觀的收入。

爲了慶祝阿爾勃勒希特衣錦還鄉，杜勒一家準備了豐盛的大餐歡迎他回來。

在餐桌上，阿爾勃勒希特對艾伯特說：「現在，艾伯特，你可以去紐倫堡實現你的夢想了，今後輪到我照顧你了。」

誰知，聽到這些話的艾伯特，淚水竟緩緩地從臉頰流下，哽咽著說道：「已經不可能了。」

原來，這四年粗重的礦工生活使艾伯特的手產生了巨大的變化。他的每根手指至少都受過一次骨折，現在更受到關節炎的折磨。如今的艾伯特，連拿酒杯都很困難了，更不用說拿筆在畫布上畫出精緻的線條了。

對艾伯特來說，自己的夢想已經不可能實現了。

阿爾勃勒希特知道後，忍不住捧著艾伯特的雙手痛哭失聲。爲了報答艾伯特的犧牲，阿爾勃勒希特便將艾伯特那雙飽經磨難的手用心地畫了下來，而這幅畫，也就是日後舉世聞名的傑作——《手》。

莎士比亞在《仲夏夜之夢》中曾經寫道：「誠摯而樸實所表達的情感，才是最豐富動人的。」

在自己獲得成就之後，一定要懂得以發自內心的誠摯情感，感謝那些曾經幫助過自己的人。

一個人之所以能獲得輝煌的成功，背後往往有許多人的付出和犧牲，應該時時懷著感恩的心情。

很多人談到自己的成功歷程時，常常會強調自己的努力，以及一路所遭遇的挫折和阻力，但是他們卻忘記了倘若沒有家人的支持，他們怎麼會有繼續前進的動力？沒有朋友的激勵，他們怎麼能走過那段不如意的歲月？

懂得感恩的人，才能得到真正的肯定和讚美；學習和他人分享成功，那麼成功的果實才會加倍甜美！

# 一味追逐物質，會喪失自己的價值

盲目的追逐者不清楚自己想要的是什麼，所以盲目地追逐著不斷成長的目標物，而自己卻始終在原地踏步！

你是個追星族，或是癡迷名牌的族群嗎？

當你追逐這些炫麗的物質時，你對自己的價值認定又有幾分？

如果，你的滿足感、愉悅感都取決於外在的人事物，那麼你的開心與幸福，恐怕也都是虛幻的了。

由於中國的北方盛產驢子，所以，大家都習慣用驢子來運輸貨品，或者研磨米麥等穀物。

而且，人們爲了不讓驢子偷懶，還想出了這麼一個辦法。

他們將驢子的眼睛蒙住，不讓牠看見前方的事物，另外還準備了一些香噴噴的芝麻醬或花生醬，偷偷地塗抹在驢子的鼻子上。

當驢子聞到香氣四溢的芝麻醬或花生醬時，以爲前面一定有好吃的食物，便拼命地往前衝。

當然，不管牠怎麼轉，只能聞到食物的美味，卻永遠也吃不到啊！

這個現象讓我們體認到，盲目的追逐者總是習慣人云亦云，因爲他們不清楚自己想要的是什麼，所以盲目地追逐著不斷成長的目標物，而自己卻始終在原地踏步！

反省自己，你是否也正是如此？

有一個咖啡廣告相當值得玩味；當櫥窗裡的店員，正準備將最新一季的流行服飾展現出來時，就在這個時候，窗外一位妙齡女郎走過，而她也穿上了最新的流行自信，但她身上所散發出來的流行品味，不是名牌的logo，而是她自己！

有目標的人，會成爲別人追逐的目標，前者是被追逐的明星或名牌，後者則是生活盲目的追逐者。

當你追著明星的背影，追著價格高昂的名牌時，問問自己，這是你想要的嗎？從中你又得到了多少成就和眞正的滿足呢？

# PART 12

# 自以為是，會妨礙你的前途

每個人都有不同的優點和特質，

學著看對方的優點，

總比心高氣傲，

為自己樹立更多敵人要來得有建設性！

# 自以為是，會妨礙你的前途

每個人都有不同的優點和特質，學著看對方的優點，總比心高氣傲，為自己樹立更多敵人要來得有建設性！

在人際關係中，最大的錯誤就是看不起別人。這種自以爲是的心態，不但會爲自己樹立敵人，而且也可能切斷自己的發展前途。

法國文學家兼哲學家司湯達在他的代表作《紅與黑》裡寫道：「被人蔑視所引起的憎恨，經常是猛烈異常的。」

蔑視別人只會讓你自討苦吃，千萬不要小看身邊的任何人，因爲你永遠也不知道他什麼時候會爬到自己頭上。

維斯卡亞公司是美國八〇年代最著名的機械製造公司，它的產品不但銷售全球，而且也是重型機械製造業的龍頭。

這個公司是許多大學生夢寐以求的第一志願，儘管相關部門的技術人員早已爆滿，沒有空缺，仍然有很多畢業生希望能進入這家公司工作。

詹姆斯就是其中之一！他和許多人一樣，在公司每年舉辦一次的徵才上遭到拒絕，不過，詹姆斯並沒有放棄，他下定決心一定要進入維斯卡亞重型機械製造公司工作，爲此他想出了一個很特別的辦法。

詹姆斯到人事部，向人事部經理提出請公司讓他來工作的要求，任何工作都無所謂，甚至連薪水都不需要。

公司起初覺得這個提議很不可思議，但考慮到不用付薪水就有人願意做事，於是便答應了詹姆斯的要求，派他去打掃工廠。

就這樣過了一年，詹姆斯每天勤奮地重複這種簡單但勞累的工作，爲了生活，下班後的他還得去酒吧打工。

在公司裡，就算許多工人任意地使喚他，詹姆斯也毫不介意。他的工作態度雖然慢慢地獲得人事部經理的好感，但是仍然沒有錄用他的打算。

一九九〇年初，維斯卡亞公司面臨了訂單被退回的危機，退回的理由都是產品品質有問題，並且讓公司受到嚴重的損失。董事會緊急召開會議，可是卻沒有人提出解決的方法，就在這個時候，詹姆斯要求參加會議，並且說自己有解決的方法。

在會議中，詹姆斯把問題出現的原因詳細地作了解釋，還就工程技術上的問題提出了自己的看法。接著，他拿出了自己的設計圖，這個設計非常先進，不但保留了原來機械的優點，同時也克服了已經出現的弊病。

原來，詹姆斯利用清潔工可以到處走動的優點，仔細察看了公司各部門的生產情況，並且一一做了詳細地記錄；觀察的過程中，他不僅發現了問題，還想出了實際地解決辦法。

董事們見到這個清潔工竟然有這麼大的本事，個個都露出訝異的表情，馬上詢問他的背景以及現況。

經過董事會舉手表決之後，詹姆斯立刻被聘請爲公司負責生產技術問題的副總經理。

看看詹姆斯的例子，千萬不要感到驚訝，在這個瞬息萬變的社會，今天的清潔工，也許明天就是你的頂頭上司。

那些你原本不放在眼裡的人一旦超越了你，就算他不跟你計較，你還是得花更多的時間才能彌補之前所犯的錯誤。

所以，與其浪費時間來彌補可能再也補不好的嫌隙，還不如平時就學習謙虛待人。

每個人都有不同的優點和特質，學著看對方的優點，總比心高氣傲，爲自己樹立更多敵人要來得有建設性！

# 「敬業」，就是脫穎而出的利器

付出越多，就可能做得越好。只要稍微捨棄自己的個人主義，「敬業」就可以成為讓你脫穎而出的利器。

現代人換工作的速度跟換衣服一樣，加上個人主義作崇，對公司或工作的向心力更是日趨淡薄，不只容易質疑公司政策的正確性，更容易因爲個人的情緒，而影響到工作的品質。

打從布隆伯格被所羅門公司錄用的那一刻起，他就認爲自己是一個「所羅門」人，必須展現應有的敬業精神。

所羅門公司看重能力，接受異議，對所有員工一視同仁的態度，讓布隆伯格覺得在這個環境中簡直如魚得水、十分滿意。

在當時的華爾街，組織的重要性遠遠超過個人，如果不是這家公司的創始成員的話，要進入這家公司可不是一件容易的事。布隆伯格很珍惜自己的工作機會，總是除了老闆比利．所羅門之外，每天第一個上班的員工。因爲辦公室都沒有人，所以布隆伯格的存在更讓老闆印象深刻。

布隆伯格在二十六歲時，就成了高級合夥人的好朋友，而且除了最早上班之外，他常常也是最晚下班的。布隆伯格的勤奮使他開始在同事中嶄露頭角，他的機會因此也比別人多了許多。

布隆伯格的敬業精神從學生時代就已經表露無疑。

他曾經在一個小房地產公司打工，和他一起來打工的學生總是遲到早退，心思根本不在工作上。

布隆伯格就不一樣了！他從早上六點半就開始上班，八點之前所有打電話來詢問租房的人，都能立刻獲得滿意的答覆。而其他的人卻一直到九點半才開始上班工作。

布隆伯格的態度不但爲公司建立了良好的形象，替自己帶來了不少業績獎金，也替自己奠立了成功的基礎。

幽默作家馬克·吐溫曾說：「每天務必做一點你不願做的事，這是一條寶貴的準則，因為它可以讓你發現自己的生命潛力。」

不要爲了眼前的處境煩憂，成功其實沒有想像中那麼困難，只要秉持敬業精神把眼前的大小事做好，很快就可以爲生命塗上豐富的色彩。

也許你不能選擇工作，但是你絕對可以選擇讓自己「敬業」或「不敬業」。

也許有極少數人可以不努力就獲得成功，但這個機率幾乎是微乎其微，因爲，只有付出越多，才能做得越好。

其實，只要稍微捨棄自己的個人主義和好逸惡勞的缺點，「敬業」就可以成爲讓你脫穎而出的利器。

## 先跨出第一步再說

只要確定目標，那麼就勇敢地踏出你的步伐吧！所有的障礙，都會在你跨出步伐時，找到理想的解決辦法。

並不是每個人都可以一開始就設計出一個完美的夢想藍圖，絕大多數的人都是在生活中，慢慢地摸索出自己到底想要些什麼，並且從不斷地行動中，讓藍圖逐漸成眞。

跨出第一步的實際行動，遠比擬定一大堆華麗的計劃重要。

倘使不願意積極踏出第一步，那麼腦海中的夢想藍圖不但沒有修正的空間，最後也會淪爲紙上談兵。

某個成功學大師到墨西哥巡迴演講時，有一對夫婦特地到休息室來拜訪他，並且希望這位大師能夠替他們目前生活上遇到的問題，提供一些有效的建議。這個妻子對大師說：「我們一直希望能在高級住宅區擁有一棟房子，我們已經夢想好多年了。」

大師問：「那爲什麼還沒有呢？」

丈夫嘆口氣回答道：「這談何容易，我們的存款不夠。」

大師說：「既然你們已經知道你們想要的是什麼了，窮又有什麼關係呢？不要讓窮阻止你們跨出第一步。」

這句話讓夫婦兩人下定了決心要努力完成夢想。經過一段時間之後，這對夫婦再度前來拜訪大師，這個妻子對大師說：「我們從墨西哥來到美國，是專程爲了來感謝您的。」

大師有點驚訝：「爲什麼要感謝我？」

「要不是您，我們也許永遠都沒有辦法擁有新房子。」

丈夫接著說出事情經過：「有一天，我們有幾位美國朋友打電話來，要我送他們到高級住宅區去。由於那時我們都已相當疲倦，原本打算拒絕的，可是突然想到你對我們說的『跨出第一步』，於是我們決定送他們到那裡。我們到了高級住宅區後，我們看見了自己夢寐以求的房子正在出售，於是我們就買下它。」

大師好奇地問：「你們要怎麼負擔房子的費用呢？」

妻子回答：「我們買了兩間房子，再將其中一間租出去，這樣一來，那棟房子的租金就可以貼補房貸的分期付款；再加上我們原來的存款，剛剛好能讓我們完成夢想。」

奧維德曾說：「沒有勇氣過好今天的人，明天會過得更糟。」

其實，一個人能不能順利完成夢想，並不在於先天擁有什麼能力，而在於是否擁有下定決心執行的勇氣。

千萬要記住，只要有勇氣去面對，一切的問題都會迎刃而解。

如果這對夫婦一直抱持著「存款不夠，所以買不起房子」的心態，那麼他們永遠也沒辦法擁有自己想要的房子。

他們跨出了第一步，不但讓美夢成眞，也想出了解決問題的方法。由此可知，目標，絕對是成功的第一步！

只要確定目標，那麼就勇敢地踏出你的步伐吧！所有的障礙，都會在你跨出步伐時，找到理想的解決辦法。

# 你的眼睛長在背上嗎？

若沒有漫長的努力，成就也不會憑空出現，只有努力再加上毅力，成功才會在不經意的時候，出現在堅持的人面前。

人們常常會引用蘋果落在牛頓頭上，導致他發現萬有引力定律的例子，來說明偶然對事件的影響力。

不過，我們卻忽略了最重要的一點：在蘋果落下之前，牛頓並不是癡癡地在樹下等待著，而是累積了許多年的研究，才會從偶發事件中得出這個眾人都無法想到的結論。

人們總會有這種刻板印象，認為成功人士的所做所為一定都很了不起。其實，像牛頓這些擁有創見的科學家們，他們研究的，都是一些日常生活中發生的現象。唯一不同的，就是他們能從這些大家都知道的普遍現象中，看到不平凡的內在或事物與事物的關聯。

例如，在天文學家伽利略之前，很多人都知道懸掛的物體會有節奏性來回擺動的特性，可是卻只有伽利略能從中看出其價值，並且歸納出一般人無法得到的結論。

十八歲的伽利略在比薩教堂中，看到懸掛的油燈來回盪個不停，因此想出了計時的辦法。在這之後，又經過五十年的潛心鑽研，伽利略終於成功地發明了鐘擺，這項發明對於精確計算時間和從事天文研究，都產生了十分重大的作用。

還有一次，伽利略偶然間得知一位荷蘭眼鏡商發明了一種儀器，透過這個儀器，人們可以清楚地看見遠方的物體。

這個消息促使伽利略開始研究這一現象背後的原理，並且讓他成功地發明了望遠鏡，從而奠定現代天文學的基礎。

所羅門王曾說過：「智者的眼睛長在頭上，愚者的眼睛卻長在背上。」

只有具備洞察力的人，才能穿透事物的表象，深入到事物的內在結構和本質，並且透過觀察比較，發現各種事物內在的差異和價值。

所有的發明，都不可能是因爲漫不經心地觀察就可以發現的。

有些人將自己的成功歸功於偶然的機遇，但不可否認的是，若沒有之前漫長的努力，這些成就也不會憑空出現。

只有不斷努力再加上超越常人的毅力，成功才會在不經意的時候，出現在堅持到最後的人面前。

# 會「聽話」的人比較容易成功

在日常生活中學習聽話，可以讓你擁有良好的人際關係；而在銷售商品時學習聽話，才能讓你贏得顧客的信賴。

在現實生活中，很多人不但不懂得如何「說話」，甚至也不懂得「聽話」。

這是因爲，我們通常只在乎自己的表達能力，而流於自說自話，忽略了留意聽別人說話的重要性。

這個現象反應了現代人急功近利的心態，以爲只要表達得宜，就可以說服別人，完成自己的目標，卻忽略了「聽話」才是最重要的一環，才是讓別人眞正接受自己的一種方法。

美國的汽車推銷大王喬治·吉拉德在他的推銷生涯中，總共賣出了一萬多輛的汽車，其中更包含了一年之內賣出一千四百二十五輛的紀錄。

雖然他的銷售成績十分輝煌，但這也是經過多次失敗才能夠得到的成績。

有一天，一位很有名的富豪特別來跟他買車，吉拉德非常賣力地爲富豪解說車子的各種性能，原以爲富豪會覺得很滿意，但是，出乎他意料之外的，富豪最後竟改變了心意，不跟他買了！

這讓一向以自己的推銷能力自豪的吉拉德非常疑惑，很想知道到底是哪裡出了問題。

吉拉德思考了一整天，還是不明白自己的失誤在哪裡，於是到了半夜十二點時，終於忍不住打電話去詢問富豪到底爲什麼不買他的車。

富豪拿起電話，一聽是吉拉德，便很不耐煩地說：「你知不知道現在已經十二點了？」

吉拉德很有禮貌地說：「很抱歉，先生。我知道現在打電話很不禮貌，但是，我眞的很想知道您不跟我買車的理由！能不能請您告訴我，究竟我讓您不滿意的地方在哪裡？」

富豪沉默了一會，開口說道：「既然你想知道，那麼我就告訴你吧！你的銷售能力眞的很強，但是，我不喜歡你今天下午的態度。我本來已經決定買了，可是在簽約前，我跟你提到我兒子的事情時，你卻表現出一副蠻不在乎的態度，而且你一邊準備收我的錢，一邊聽辦公室門外另一位推銷員在講笑話，這種態度讓我覺得很不受尊重。我就是因爲你漫不經心的態度，才打消了買車念頭的。」

交談的藝術，不只是讓人聆聽的藝術，同時也是聆聽別人說話的藝術。

熟悉說話與聽話的藝術，人與人就可以在融洽與相互尊重的氣氛中，彼此交流想法和看法，也可以順利達成自己的目的。

有時候，你和某人並沒有交集點，但是，適時的說話與聽話技巧卻可以讓彼此敞開胸懷，建立起友誼的基礎。

不懂得「聽話」重要性的人，無疑是人際交往中的大傻瓜。從事銷售工作的人都知道，滿足顧客的要求，才能成功地達成銷售商品的目的。但是，如何才能知道顧客的需求呢？這就得靠專注地傾聽，才能達到讓顧客滿意的效果。

「聽話」，是每個想要成功的人必須學習的功課。在日常生活中學習聽別人說話，可以讓你擁有良好的人際關係；而在銷售商品時學習聽顧客說話，才能讓你贏得顧客的信賴。

# 生命有限，慾望無窮

慾望是無窮無盡的，但是生命卻正迅速地流逝，當你發現時，或許已走到離終點不遠的地方了。

幽默作家馬克．吐溫曾說：「我們如果把一生好好度過，等到死的時候，就連殯儀館的老闆也會感到惋惜。」

其實，生老病死只是人生必經的流程，再多的嘆息與悔恨也喚不回逝去的生命。

我們唯一能做的，就是體認生命的無償，好好珍惜自己有限的時間，不要把生命浪費在無意義的事情上。

佛經上有一個這樣的故事。

從前，舍衛國有一個名叫翟縣彌的女孩子，容貌秀麗，身材也很苗條。翟縣彌後來嫁給一個年輕的富翁，生了一個聰明可愛的孩子，以世俗的眼光來看，翟縣彌是非常幸福的。但是，不幸卻突然降臨到她身上，她的孩子在剛學會走路的時候，就因爲意外而夭折了。

霍縣彌因此非常痛苦，整天抱著已經死去的孩子，到處請教別人能不能救活。可是，她所遇到的人都表示愛莫能助，直到有一天，有個人告訴她不妨去請求佛陀釋迦牟尼。

那個人說：「聽說佛陀有世上最好的藥，說不定他能救活妳的孩子！」

霍縣彌立刻跑去求佛陀：「佛陀！聽說您有可以救活我孩子的藥，請您發發慈悲，救救我的孩子吧！」

佛陀對霍縣彌說：「我可以救活妳的孩子，但是，妳必須先去要一些芥菜的種子來，而且最重要的一點是，這些芥菜的種子，必須來自沒有任何親人死亡的家庭才可以！」

霍縣彌非常高興，以爲孩子有救了，便按照佛陀的指示，沿街敲門詢問：「你們家有沒有芥菜的種子？」

每一戶人家都說家裡有芥菜種子，可是每一戶人家也都說家中有人死亡過。她挨家挨戶地問，每一家都很樂意幫助她，只是她卻找不到一戶從來沒有親人去世的家庭。

天色漸漸晚了，疲累不堪的霍縣彌終於明白了一個道理：「在這個世界上，不是只有我的孩子會死，任何人家都曾經有親人過世啊！」

霍縣彌的悲傷終於隨著這個領悟而慢慢消失，她擦乾了自己的眼淚，便在城外把孩子埋葬了。

歌德曾經寫道：「誰若遊戲人生，他就一事無成，誰若不做自己的主宰，就永遠只能做一個輸家。」

雖然，珍惜時間不能增添一個人的壽命，然而懂得活在當下，卻可使生命變得更有價值。

逝去的人事物固然還活在我們的腦海，然而，過度沉緬無疑是無意義的陪葬行爲。如果你想把所剩不多的時間變得更有意義，就必須清理雜蕪的思緒，認清自己想要的究竟是什麼，善於利用自己的每一天。

「生死有命，富貴在天」，這是一句大家都耳熟能詳的諺語。當你還在汲汲營營於爭名奪利，或是終日渾渾噩噩無所事事的時候，請思考一下到底什麼才是最重要的！

畢竟，慾望是無窮無盡的，但是生命卻正迅速地流逝，當你發現生命的眞諦之時，或許已走到離終點不遠的地方了。

# 你是沒機會，還是沒準備？

作　　者　未來的未來
社　　長　陳維都
藝術總監　黃聖文
編輯總監　王郡凌
出 版 者　普天出版家族有限公司
新北市汐止區忠二街 6 巷 15 號
TEL / (02) 26435033 (代表號)
FAX / (02) 26486465
E-mail：asia.books@msa.hinet.net
http://www.popu.com.tw/
郵政劃撥 19091443 陳維都帳戶
總 經 銷　旭昇圖書有限公司
新北市中和區中山路二段 352 號 2F
TEL / (02) 22451480 (代表號)
FAX / (02) 22451479
E-mail：s1686688@ms31.hinet.net
法律顧問　西華律師事務所・黃憲男律師
電腦排版　巨新電腦排版有限公司
印製裝訂　久裕印刷事業有限公司
出 版 日　2022 年 12 月第 1 版
I S B N◎978-986-389-851-1　　條碼 9789863898511


國家圖書館出版品預行編目資料

你是沒機會，還是沒準備？／
未來的未來著.—第 1 版.—：新北市,普天出版
2022.12 面；公分. -（生活良品；63）
I S B N◎978-986-389-851-1 (平裝)

生活良品
63

普 天 之 下 · 盡 是 好 書

普天出版家族
Popular Press Family

凌雲 A-Plus Creative Company 文創